LA VIE, ET
MARTYRE
DE
SAINCT NIGAISE

PREMIER ARCHEVESQVE DE
Roüen, S. Quirin Prestre, & S. Scuuiculle Diacre ses compagnons,
& de sainte Pience, jadis Dame
de la Rocheguyon.

*Ensemble le recueil de la Translation de leurs
sainctes Reliques, Et fondation du
Prieuré saint Nigaise au fort de
Meulent où ils reposent.*

Par Me. NICOLAS DAVANNE Prieur
dudit lieu, & de nostre Dame de
Bonnes-Nouuelles lez Roüen.

A ROVEN,

DE L'IMPRIMERIE
De PIERRE LE LOCY, prés la ruë
de l'Espée, deuant la Prison.

Auec Permission, & Approbation.

AVANT-PROPOS.

COMME en l'an mil six cens vingt, il pleuſt à la diuine Prouidence que je feuſſe promeu au tiltre de Prieur du Prieuré de S. Nigaiſe ſcitué au fort de la ville de Meulent (lieu de ma naiſſance) duquel l'Egliſe, & les baſtimens eſtoient preſque ruinez : deſlors i'employé tout mon ſoing, eſtude, & commoditez, pour y reparer & remettre en meilleur ordre les edifices, l'office, & les ornemens conuenables ; Et ce pendant fis les diligences poſſibles d'en recouurer les tiltres & papiers, en quoy Dieu fauoriſa mon deſir quaſi miraculeuſement, d'autant que fortuitemẽt, & à bonne heure, i'en recouuray aucuns dans Paris, qui dans bien peu

de temps, s'en alloient acheuer de perdre & dißiper, pour s'estre trouuez entre les mains de personnes, qui pour ne
sçauoir lire, en auoient desia, par ignorance deschiré quelque quantité. Dedans la lecture des recouuerts, i'apris la
fondation de ce Prieuré, & qu'à cause
des Reliques de ce S. il a esté dedié en
son nom. I'apris encores plusieurs particularitez de sa vie, & du martyre de
luy & de ses compagnons, S. Quirin &
saint Scuuiculle, & de sainte Pience
jadis Dame de la Rocheguyon (les corps
desquels presque entiers reposent en
cette Eglise) & bon nombre de miracles que Dieu à faits par leur sainctes
intercessions. Auant que i'eusse recouuert ce tresor de papiers (quasi perdu)
ie m'estonnois coment nos habitans, &
ceux des paroisses de la Iurisdiction
Royalle de nostre ville de Meulent, tenoient pour particulier Patron de cette

contrée, ce Saint dont ils venerent les
Reliques auec tant de Zele, & d'affection, qu'ils tesmoignent assez par
l'assistance qu'ils font la plufpart si soi-
gneusement chacun an le iour de l'A-
scension, à la Procession generalle qui
se fait en ladite ville, pour honorer ces
saintes Reliques, que lon ne voit que ce
iour là, & lesquelles on porte fort reue-
remment, & solemnellement, & en laquelle d'ordinaire, il arriue quelque
miraculeuse guerison de Malades, &
Estropiez. Cét estonnement procedoit
pour n'en auoir lors autre certitude,
que la tradition verballe de nos Antiens, laissée de pere en fils. Mais ces
tiltres & papiers m'en ayant donné vne
preuue certaine, ie cessay mon admi-
ration, & me resolus d'en faire vn
petit recueil: & pour m'en donner plus
d'esclarcissement, ie cherchay ce que
i'en peus trouuer de memoires aux ma-

A 3

nuſcrits de la grande Abbaye de ſaint
Oüen, comme auſsi en l'Egliſe paroiſ-
ſialle dediée au meſme S. Nigaiſe dans
Roüen, à S. Cande le vieil, & par tout
ou i'en peüs trouuer quelque lumiere,
& encor à cét effet pour cotter les temps
plus certainement, ie parcourus quelques hiſtoires propres au ſujet. Le deſ-
ſein de ce Recueil eſtoit pour mon con-
tentement particulier : Mais Meſſei-
gneurs les Archeueſque de Roüen, &
l'Eueſque de Chartres nos Dioceẑains
(la ville de Meulent eſtant de celuy
de Roüen, & le fort qui eſt dans la
riuiere de Seine de celuy de Chartres) ayans pluſieurs fois en perſonne,
voulu honorer de leurs deuotiõs ce Prieuré, & dans noſtre Egliſe en preſence
d'vn grand concoürs & affluence de
peuple, fait de tres belles, & doctes
exortations, en la loüange de ces Ss.
Martyrs, & de leurs ſainctes Reliques,

cela auroit tellemēt acreu la deuotion de nos habitans & circonuoisins, que beaucoup d'iceux
sçachans que i'auois commencé ces memoires,
m'auroient fait commander par lesdits Seigneurs, de les acheuer, & faire Imprimer, afin
qu'ils peuſſent plus particulierement ſçauoir &
cognoiſtre en la vie, & mort de ces Saints, le
merite de leur zele, & la pieuſe deuotion de leurs
anceſtres. Ces deſirs, & ces commandemens,
auec l'amour propre de ma patrie, m'ont donné la hardieſſe de mettre au iour ce petit ouurage, & tout expres d'vn ſtille le plus triuial &
populaire qu'il m'a eſté poſsible : Mon intention
principalle eſtant, qu'il ſerue pluſtoſt aux ſimples qu'aux ſçauans, & ſur tout à mes com-
patriotes, leſquels ie m'aſſeure, ſeront fort
aiſes d'y apprendre les vertus du Saint qui premier à eſclairé nos Peres des lumieres Euangeliques, & par lequel ils ont eſté faits Chreſtiens : Et encor d'y aprendre quelques par-
ticulieres antiquitez de noſtre ville & contrée.
Ie m'eſtois propoſé d'en faire faire l'impreſſion à
Paris : Mais Dieu m'ayant depuis peu d'années,
rendu comme Citoyen de cette celebre ville de
Roüen, au moyen du tiltre de Prieur du Prieuré de noſtre Dame de Bonnes nouuelles les

A. 4

baſtimens, duquel entierement ruinez en ces dernieres guerres. Sa bonté pour ſa gloire & pour celle de la tres-ſacree vierge, m'a encores inſpiré de faire reſtablir, auſſi bien que l'obſeruance Reguliere de ce grand ſaint, le glorieux Pere & Patriarche des Religieux S. Benoiſt, de ſorte, que pendant le ſeiour que i'y ay fait iuſques icy: m'eſtant venu en cognoiſſance combien dans tout ce Dioceſe, la memoire de noſtre ſaint Nigaiſe, leur premier Archeueſque ou Apoſtre (comme aucuns le nomment) leur eſt en veneration, & pour auſſi contenter pluſieurs deuotes perſonnes qui m'en ont requis, i'ay pris reſolution faire mettre ce Recueil ſous la preſſe en cette ville de Roüen. Le Lecteur y apprendra le temps, & lieu de la naiſſance de ce grand ſaint : ſa conuerſion en la Foy de Ieſus Chriſt: ſes Predications : ſes œuures : ſes voyages : les merueilles que Dieu a faites par luy : les admirables conuerſions à la Foy, de nombres de perſonnes : ſon combat : ſon Martyre : & ſa glorieuſe mort : la veneration de ſes ſainctes Reliques : leur Conſeruation par tant d'années, & quelques Miracles antiens, & modernes que la bonté diuine a faits, & fait iournellement par les merites de ſes interceſſions.

APPROBATION.

IE soubs-signé Frere Iean Masqueret, Religieux de l'Ordre des Carmes, & Docteur en Theologie de la sacrée Faculté à Paris : Certifie auoir veu & leu ce liure, intitulé *la Vie & Martyre de S. Nigaise premier Archeuesque de Roüen, saint Quirin Prestre, & S. Scuuicule Diacre ses compagnons, & de saincte Pience, jadis Dame de la Rocheguyon. Ensemble le recueil de la Translation de leurs sainctes Reliques, Et fondation du Prieuré S. Nigaise au fort de Meulent où ils reposent.* Par Mᵉ. NICOLAS DAVANNE Prieur dudit lieu, & de nostre Dame de Bonnes-Nouuelles lez Roüen. Auquel ie n'ay rien trouué qui contrarie à la Foy de l'Eglise, Catholique, Apostolique, & Romaine. Fait à Roüen, ce 19. d'Auril 1628.

Signé. MASQVERET.

PERMISSION.

IL est permis à Pierre le Locu Maistre Imprimeur, & Libraire à Roüen, d'Imprimer, vendre & debiter pendant six ans, le present liure intitulé, *la vie & Martyre de S. Nigaise*, &c. Composé par M⁰ NICOLAS DAVANNE Prieur des Prieurez S. Nigaise au fort de Meulent, & de nostre Dame de Bonnes nouuelles léz Roüen. Et deffences sont faites à tous autres de l'Imprimer, ou faire Imprimer pendant ledit temps, à peine de confiscation des exemplaires & d'amende arbitraire, Suiuant qu'il est plus amplement porté par l'ordonnannance de Monsieur le Lieutenant General, du 22 d'Auril mil six cens vingt huict.

Signé,

MARC.

De la cité d'Athenes, où les Sciences
commencerent à fleurir.

CHAPITRE I.

'HISTOIRE nous ap-
prend, que la Grece a
esté le pays ou les sciences ont esté les plus flo-
rissantes, pour auoir les
Grecs enchery, & ex-
cellé sur les Hebreux & Chaldéens, qui
en ont esté les premiers inuenteurs , &
qui s'estoient curieusement apliquez à
la cognoissance des choses naturelles &
diuines, que le peché de nostre premier
Pere auoit comme voillées & cachées à
ses descendans, desquelles neantmoins
quelque lumiere s'estoit escoulée & de-
meurée en droite ligne, vers ceux ausquels la crainte de Dieu demeura com-

me en partage, tels que furent Enos,
Noé, Abraham, Moyse, & leur suitte.

Or entre toutes les villes Grecques,
nous lisons en tous les auteurs, que celle d'Athenes ayant recueilly cette se-
mence Caldayque, l'a fait produire des
fruicts admirables; de sorte qu'elle peut
estre estimée comme le premier ruisseau
d'ont tout le reste de l'vniuers à esté ar-
rousé, & du labeur industrieux des
Atheniens estre deriué, ce que les Romains, François, Espagnols, Alemans,
& autres peuples, ont sçeu : quoy que
par emulation, les sciences ayent esté
par ces nations grandement surhaussées
d'intelligences beaucoup plus parfai-
tes qu'en leur source, pource que le
temps & la viuacité des esprits ont des-
couuert les choses cachées aux siecles
precedents, & ayans accumulé les co-
gnoissances passées auec les leur, ont
amplifié la premiere matiere, & fait
monter l'edifice auquel les successeurs
pourront à l'aduenir possible encores
donner quelque acroissement : & de ce
beau ruisseau, comme d'vne viue source,

sont decoulés tant d'excellents personnages qui ont vescu aux siecles
passez, dont les œuures immortali-
sent la memoire, c'est ce qui a fait
par l'antiquité admirer cette cité d'A-
thenes, comme l'vne des plus antiennes, fameuses & celebres de la terre, &
par l'opinion commune de tous les antiens Historiens, fondée selon le dire
de Pausanias & Strabon par Cecrops,
l'an du monde, deux mil cinq cens soixante; viuant lors Iosué successeur de
Moyse: Et quoy que Rome jalouse des
excellences voisines, en aye comme de-
uoré & enseuely en soy la renommée:
Si n'a elle laissé de passer au trauers cette
grande mer, iusques aux peuples plus es-
loignez. Or c'estoit en cette ville d'A-
thenes, où les esprits plus releuez alloient comme au magazin des sciences,
en tirer les principes & fondemens de
toutes les escoles de la terre, & partant
nous pouuons presumer, la reputation
en laquelle pouuoient estre les hommes
doctes qui habitoient ce lieu, & de
quelle sagesse ils estoiét accompagnez,

puis qu'ils l'aprenoient au reste des
hommes.

Sainct Nigaise nay à Athenes.
CHAP. II.

DE cette admirable cité d'A-
thenes, nous pouuons tirer
l'origine, & la naissance de
saint Nigaise, (la vie duquel
nous allons escriuant,) tout
ainsi comme celle du grand saint Denis
l'Areopagite, puis que leur Sympathie,
profession, & le lien de leur estroicte
amitié les a fait viure & mourir ensemble en mesme combat. Cette presom-
ption n'est pas sans des aparences vray-
semblables, tant par le nom qui est vn
mot Grec, que par les paroles mesmes
de S. Luc aux Actes des Apostres, au
recit qu'il fait de la Predication de saint
Paul en Athenes, où il dit, que saint
Denis & plusieurs autres creurét à l'E-
uangile. Et de là (puis que l'egalité
rend les amitiés plus fortes) nous pou-

uons encores dire, que noftre faint Nigaife a peu mefmes auoir efté compa-
gnon de faint Denis en fes eftudes de
Philofophie, de laquelle on faifoit vne
fpecialle profeffion à Athenes: & quel-
quefois auffi pour s'y perfectionner dauantage, les ieunes gens voyageoyent
aux lieux plus celebres de l'Egypte,
comme à Babilone nommée a prefent le
Grand Caire, & à Helyopoly, mainte-
nant apellée Damiette : Auquel lieu de
Helyopoly eftoit S. Denis & fes compagnons, comme Apolophanés, & poffible S. Nigaife, au temps de la Paffion
de noftre Sauueur Iefus Chrift, lors que
côtre tout ordre de Nature, cette grande Eclipfe de Soleil parut au monde,
pourquoy efmerueillez, Apolophanés
dit ces paroles. O amy Dionifius ce
font icy des viciffitudes des chofes diuines, ce qui fit refpondre à S. Denis,
& dire d'vn efprit Prophetique les admirables paroles. Ou que le Dieu de la
nature patiffoit, ou que la machine du
monde s'en alloit diffoudre. Ainfi que
Syngelus, & Suidas auteurs Grecs ra-

portent, & qui l'auoient (ainſi qu'ils diſent) apris par tradition de leurs peres, n'ayans veu ce que le meſme ſaint Denis en eſcrit en vne epiſtre à Policarpe, où luy meſme fait le recit de cette action.

De l'autel au Dieu incognu, dreſſé à Athenes. Et des Areopages où s'adreſſa S. Paul.

CHAP. III.

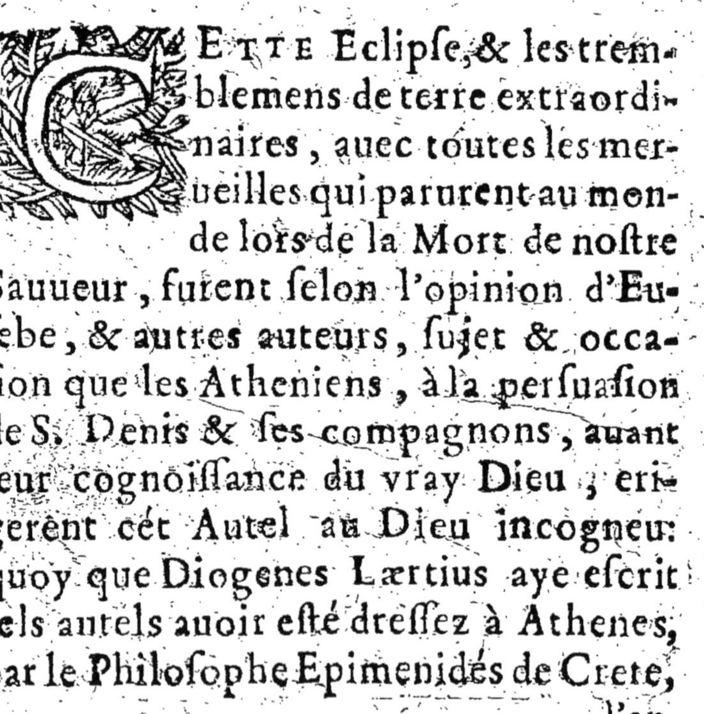

ETTE Eclipſe, & les tremblemens de terre extraordinaires, auec toutes les merueilles qui parurent au monde lors de la Mort de noſtre Sauueur, furent ſelon l'opinion d'Euſebe, & autres auteurs, ſujet & occaſion que les Atheniens, à la perſuaſion de S. Denis & ſes compagnons, auant leur cognoiſſance du vray Dieu, erigerent cét Autel au Dieu incognu: quoy que Diogenes Lærtius aye eſcrit tels autels auoir eſté dreſſez à Athenes, par le Philoſophe Epimenidés de Crete,

l'an

l'an du monde, trois mil cinq cés trente
trois, pour faire les sacrifices de certaines victimes noires , pour l'expiation
d'vne Pestilence suruenuë à Athenes,
ausquels autels estoit cette inscription:
Au Dieu incogneu, quoy qu'il en soit,
l'vn de tels Autels seruit de pretexte, &
d'vn grand acheminement à saint Paul,
pour faire gouter sa doctrine aux Atheniens : S'adressant comme il fit en l'af-
semblee des plus illustres , tels qu'e-
stoient ceux de ce grand Conseil des
Areopages, establis par Solon, en l'an
du monde, trois mil cinq cens soixante
& quatre, vn an apres cette pretenduë
expiation, & le cent cinquante huict de
la fõdation de Rome, qui fut cinq cens
quatre vingt quatorze ans auant la naif-
sance de Iesus Christ. Lesquels Areopages faisoiét leur residence à Athenes,
& en vn canton de la ville, apelé la ruë
ou le champ de Mars, où ils auoient vn
Temple ou Palais auquel ils s'assembloient, decidoient les affaires de leur
republique, & iugeoient de la vie & de
la mort de leurs Citoyens, & des peu-

B

ples de leur Iurifdiction , comme jadis le Senat faifoit à Rome, fuiuant que le tefmoignent Ciceron en fon Epiftre *ad Atticum.* Plutarque en fon traicté, Si l'homme d'aage fe doit mefler des affaires du public, Demoftenes & tous les Grecs, lefquels donnent à ces Areopages (qui eftoient au nombre de cinquante) plufieurs Elloges d'honneur.

Propofitions de S. Paul, en l'affemblee des Areopages.

CHAP. IIII.

AINT Paul s'adreffant à telle affemblee, leur annonça les paroles de l'Euangile , leur donna les inteligēces de la Creation de l'Vniuers , & des chofes qu'il contient par la main toute puiffante de l'Antien des iours, du Pere des temps: Bref, de ce grand Dieu eternel , admirable & incomprehēfible , leur prefcha

fa grandeur, fon immencité, fa bonté,
& fa prouidence, en la conferuation de
toutes chofes, le foing general & particulier qu'il a du falut des hommes,
fans les forcer en la liberté dedans laquelle il les a créez : Et comme fa fa-
geffe veut acheminer fuauement , &
doucement les plus fages à fa cognoiffance, fans laquelle toute fapience eft
ignorance, & toute prudence humaine
eft folie. Et a cette occafion les auoit
voulu faire arriuer à foy par des chofes
palpables & facilles, leur ayant donné
fon propre Fils en chair ; Pour par fa
doctrine exemplaire, aprendre la vraye
voye, & le chemin affeuré du Ciel apres
ce paffage mortel, en la vie future : Et
partant, qu'eux tant fages & aduifez,
auoient plus à propos fait eriger cét
autel à vn Dieu incogneu, qu'a des fi-
mulachres d'hommes & d'animaux , figures inanimées , factures de mains
d'hommes. Idoles qui ont des yeux fans
veoir, des oreilles fans oüir, & des pieds
fans pouuoir marcher. Que ce Dieu à
eux iufques a lors incogneu, eftoit ce-

luy qu'il annonçoit ; Adjouſtant, que
ce grand Prophete, ce Verbe de Dieu
Ieſus Chriſt auoit voulu naiſtre, & ſouf-
frir mort pour le rachapt des humains,
en ſatisfaction des offences & contrauentions faites par les enfans d'Adam,
enuers la iuſtice Eternelle de ſon Pere:
Preſchant en ſa vie la penitence, & le
ſalut : Et afin que les hommes euſſent
certaine eſperance d'iceluy ; Il eſtoit de
ſa propre puiſſance Reſuſcité de la
mort à la vie, le tiers iour apres ſa Paſſion, puis monté au Ciel, & apres la
conſommation du monde, doit eſtre
Iuge des vifs & des morts : Et laquelle
finalle reſurrection ils deuoient tous eſ-
perer, qu'elle ſeroit à leur ſalut, s'ils
paſſoiët la vie en bonnes œuures, apres
la regeneration du ſaint Bapteſme, qui
a puiſſance de lauer les macules ſpiri-
tuelles, contractées tant en la deſcente
originelle de la maſſe corrompuë des
hommes, que par les mauuaiſes actions
de la vie, preſupoſé les diſpoſitions ſuf-
fiſantes.

*Conuerſion de ſaint Denis, & ſaint Nigaiſe
à la Foy Chreſtienne.*

CHAP. V.

E s paroles de ſaint Paul, ani-
mées du S. Eſprit en ſa bouche, & proferées auec l'eloquence & vehemence perſuaſiue, telles
que l'on peut s'imaginer deuoir auoir
eſté deuant vne telle & ſi honnorable
compagnie, eurent telle force & energie, que les eſleus & predeſtinez de
Dieu, comme pouuoit eſtre ſaint Denis
& pluſieurs autres, ſuiuant le dire de
ſaint Luc, deſquels nous pouuons pro-
bablement croire auoir eſté S. Nigaiſe,
gouſterent ces enſeignemens difficilles
aux autres, pour les nouueautez que la
doctrine Chreſtienne leur ſembloit apporter. Nouuelles (diſoient-ils) qui
tendoient à abolir leurs antiennes Deitez, & meſmes à leur perſuader, que
leurs Dieux n'eſtoient que des images;

figures d'hommes peruers & mechans:
Ioinct , que cette doctrine ne butoit
qu'à porter leur creance en l'adoration
d'vn Dieu fait homme, & mort au su-
plice d'vne Croix : Et leur faisoit espe-
rei vne nouuelle vie, dedãs la croyance
qu'ils auoient que l'ame fut mortelle
comme le corps. Et de plus, leur vouloit faire croire, qu'apres le passage de
cette vie presente, il y eust recompen-
ce pour les bonnes œuures, & des peines pour les meschancetez : Doctrine
qui leur sembloit d'autant plus nouuelle & difficille, qu'ils n'atribuoient le but
des bonnes actions, qu'à vne ciuille &
humaine conuersation , & à la gloire
d'vne bonne renommée vers la poste-
rité , laissée par leurs Statuës , & Regi-
stres publics. Tout cela ne pouuoit entrer en leur imagination , pource que la
Philosophie humaine, ne pouuoit s'ac-
corder à la Philosophie Diuine. Mais
ces SS. personnages s. Denis, S. Nigaise
& quelques autres qui, (comme dit S.
Ambroise en l'Epistre quatre vingt
deux du dixiesme liure.) estoient hom-

mes tres-doctes, postposans leur sa-
pience humaine, & raisons Philoso-
phiques, aux veritez de la Foy Chrestienne à eux enseignée (ainsi que les
autres qui ratiocinoient trop humai-
nement) negliger ces sainctes admonitions : Et tient-on, que sur le mur-
murmure de l'assembllée pour ces choses qu'ils estimoient noueautez estran-
geres, saint Denis fut celuy qui porta
la parole à saint Paul, qui est recitée
par saint Luc, *vt, nous l'entendrons encore
vne autre fois parler de ces choses.*

---

*Quels estoient les Philosophes Grecs, & du
Baptesme de S. Denis & S. Nigaise.*
CHAP. VI.

L est assez sceu que des ce temps
là en la mesme ville d'Athenes,
& parmy les autres academies
de la Grece, les Philosophes estoient
diuisez en deux sectes, dont les vns s'a-
peloient Stoïques ou Platoniciens, &
les autres Epicuriens, des noms de leurs

Autheurs , qui tendoient , difoient-ils, tous au fouuerain bien : Mais les moyens d'y paruenir , faifoit la diuifion de leurs opinions, les Epicuriens eftimans leurs Dieux n'auoir autre foucy des actions humaines , donnoient au corps pour but de fa felicité, la feulle volupté. Ou au contraire , les Stoïques l'atribuoient à l'efprit, & aux exercices de la vertu, correfpondantes à vne bien feante ciuilité. De cette derniere opinion, l'on a eftimé auoir efté S. Denis, & les autres nouueaux conuertis , comme faint Nigaife & autres, qui firent ainfi que la bonne terre qui receuft la femence du bon grain, la firent germer & fructifier : ou au contraire, les autres de l'autre fecte, font comparez aux champs pierreux & efpineux, que le halle d'vne tiedeur & lafcheté defecha; & les oifeaux infernaux la deuorerent, & les raifons humaines l'offufquerent. Et partant ces Saincts fe laiffans conduire à cette faincte vocation, ne negligerét les ouuertures de la lumiere eternelle ; Et s'affemblans en quelque lieu particulier,

particulier confererent plus amplement auec faint Paul, & auec efpace de
temps conuenable, furent plainement
illuminez, & inftruits des mifteres de la
Foy. Ces exortations furent agreables
à la diuine Majefté, & confirmées par
les miracles que Dieu leur fift voir,
fpeciallement en la garifon d'vn Aueugle nay, par la feule innocation du nom
de I E S V S C H R I S T. Ce qui leur fift
abjurer toute Idolatrie, & prendre le
faint Baptefme où ils receurent les graces accompagnantes ce faint Sacremét,
& en l'efpace de trois ans qu'ils conuer-
ferent auec faint Paul furent fuffifam-
ment inftruits.& endoctrinez en la Foy
Chreftienne.

---

*Predications de S. Denis & S. Nigaife, pour
la conuerfion des Infideles. Et des
Compofitions de faint Denis.*

CHAP. VII

PEndant le féiour que faint Paul fift à
Athenes, il attira & conuertift tant

par ſes predications, que celles de ſaint Denis, ſaint Nigaiſe & autres, vn grand nombre de peuple : Et eſtabliſt pour Paſteur des brebis acquiſes à IESVS CHRIST, ſaint Denis, qu'il conſacra Eueſque pour ſa meſme ville, luy donnant pour ayde S. Nigaiſe, & autres des plus ſuffiſans, leſquels apres le depart de ſaint Paul alerent eſpandre la ſemence diuine de la foy Chreſtienne, aux citez & villes circonuoiſines. Et aux heures de relache, ſaint Denis compoſa les eſcrits admirables de la Hierarchie celeſte & Eccleſiaſtique, vn Traicté des noms diuins, vn autre de la Theologie miſtique, & autres œuures que nous auons, en quoy il eſt a preſumer, pour l'eſtroite amité, & ordinaire conuerſation de ces hommes choiſis & eſleuz de Dieu, que ſaint Nigaiſe y contribua ſelon les illuminations que Dieu infuſoit en ſon eſprit, par les coloques qu'il pouuoit auoir euz, ou particulierement, ou auec ſaint Denis auec ſaint Paul.

Voyage de saint Pierre & saint Paul à Rome,
leur Prison, & Martyre.
CHAP. VIII.

NOs Sainꝰts trauailloient ar-
damment en leur miſſion dãs
leur pays, & durant cette eſpace de temps ſainꝰt Pierre
ayant eſtably vne Egliſe en Antioche, &
en pluſieurs villes Orientalles, vint à
Rome, où par ſes Apoſtoliques admonitions, il conuertiſt à la Foy pluſieurs
perſonnes, dont il enuoya les plus capables aux Prouinces eſloignées, pour
y ſemer la parole de vie, & trauailler à
la vigne du Seigneur : (deſquels font
mention Euſebe, ſaint Hyeroſme, &
autres Hyſtoriens,) comme S. Mathieu
à Treues, & Cologne. Saint Creſcent à
Mayence & Vienne. S. Mathias à Li-
moges & Bordeaux. S. Vrſin à Bourges.
Saint Eutrope en Xaintonge, & ſaint
Xixte à Reims: Auquel temps S. Paul
feuſt par l'ordonnance de Feſtus Pro-
conſul, enuoyé de Iudée, priſonnier à

Rome, où de fa part il conuertift grand nombre de Gentils à la Foy. Et comme par prefcience Diuine ces deux faincts Apoftres recogneurét aprocher la couronne de leur Martyre, faint Pierre efleuft faint Clement pour fucceffeur en fon lieu : Auquel il enchargea de commettre perfonnes fideles en la moiffon, felon les occurrences & commoditez; afin d'acquerir des Ames à Iefus Chrift. Peu apres, ces deux grands luminaires de la Foy S. Pierre & faint Paul, furent efteincts corporellement, receuans la mort à Rome, par fentence prononcée, & executée le vingt-neufiéme de Iuin, en la derniere année de l'Empire de Neron, la foixante dixiéme dela naiffance de Iefus Chrift, & trente fept ans apres fa Paffion.

Partement de faint Denis, & faint Nigaife, d'Athenes pour aller à Rome.
CHAP. IX.

LE s nouuelles eftant en Athenes de la prifon de faint Pierre & S. Paul à Rome, firent refoudre S. Denis & faint

Nigaife de s'y acheminer pour voir les
faincts Apoftres, & s'accompagnans de
quelques autres fideles, comme d'Ana-
cletus homme de grande doctrine , &
faincteté (qui apres faint Clement fuft
Pape ,) fe mirent en chemin : & par les
lieux ou ils paffoient enfeignoient l'E-
uangile, & faifoient beaucoup d'heu-
reufes conuerfions ; ce qui retarda leur
voyage affez longuement , pourquoy
arriuez à Rome , trouuerent que les Ss.
Apoftres auoient efté Martyrifez , &
tous les fideles difperfez & cachez, pour
la cruelle perfecution contre les Chreftiens que Neron faifoit exercer. Nonobftant laquelle , par diuine admoni-
tion, trouuerent faint Clement fucceffeur de faint Pierre : & apres s'eftre fait
cognoiftre, on peut conjecturer leurs
faincts embraffemens ; & combien ces
venerables perfonnes verferent de larmes d'vne faincte ioye fpirituelle , pour
fe trouuer en temps fi neceffaire à la cô-
folation, a caufe des grandes tribula-
tions ou l'Eglife eftoit lors reduite. Et
mefmement on peut s'imaginer auec

quelle charité, & cordialle amour saint Clement receuſt ces Grecs, pour la cognoiſſance qu'il auoit ja d'eux, au recit de ſaint Paul, & en la renommée qui en eſtoit arriuée aux fideles à Rome, des long-temps auparauant, pour les fruicts qu'ils auoient fait en Grece, en la propagation Euangelique: Et encores pour l'admirable eloquence dont il ſçauoit ces Saincts hommes eſtre doüez & accompagnez, tant en leur langue Grecque qu'en la Romaine: Auec ample cognoiſſance des Arts liberaux; & encores plus, de la ſacrée Philoſophie Celeſte que ſaint Paul leur auoit enseignée, en laquelle, par la grace de Dieu en l'impoſition des mains, le ſaint Eſprit les auoit rendus tres-doctes.

Seiour de S. Denis, & S. Nigaiſe à Rome.
CHAP. X.

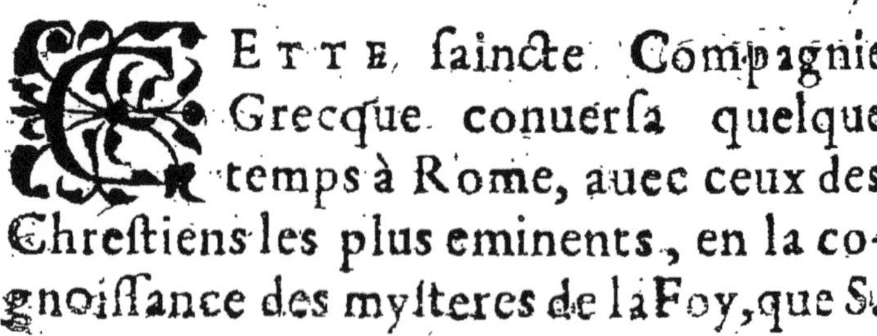

ETTE ſaincte Compagnie Grecque conuerſa quelque temps à Rome, auec ceux des Chreſtiens les plus eminents, en la cognoiſſance des myſteres de la Foy, que S.

Pierre & S. Paul, de leur viuant auoient
choisis pour Disciples, & ce comme en
cachette, sous la crainte que la persecution leur pouuoit donner, exerçans
les saincts Mysteres & Sacrifices, en
lieux sousterrains, sous l'apuy & couuert d'aucuns Nobles Romains, & de
quelques sainctes Dames conuerties à
la Foy, non qu'ils n'eussent le courage
assez fort pour se presenter aux suppli-
ces : Mais Dieu se les reseruoit pour
autre occasion, & leur combat n'estoit
pas encor apresté. Ils demeurerent
ainsi cachez iusques a ce que par la mort
de Neron, les diuisions & guerres d'entre Galba, Othon, Vitelius & Vespa-
sianus ses successeurs en l'Empire, don-
nerēt quelque relache aux fideles Chré-
stiens : Pourquoy saint Clement, &
tous ces saincts personnages, se soute-
nans de la recommandation que leur
auoit faite saint Pierre & saint Paul. Et
à leur imitation esmeuz du zele d'am-
plifier le Royaume de Dieu, se delibe-
rerent d'enuoyer ouuriers ou la mois-
son estoit plus forte : & à cét effet apres

pluſieurs ſainctes aſſemblées, & par
l'inſpiration du ſaint Eſprit, ſaint Denis,
ſaint Nigaiſe, & leurs compagnons venus de Grece, ſainctement embraſez de
trauailler à la vigne du Seigneur vers les
parties Occidentalles, comme ils auoiēt
fait aux Orientalles; Ayans ſçeu le pays
des Gaulles que nous apelons apreſent
France, eſtre garny d'vn grand nombre
de bonnes villes bien peuplées (dont les
habitans ſuppeditez par les armes Ro-
maines, eſtoient gouuernez par leurs
Magiſtrats, qui eſtoit vne facile entrée
à eux qui iroient de Rome en ces contrées:) Conſiderans que les peuples d'i-
celles viuoient ſous la ſeruitude & tirannie de Satan, en l'adoration des
Idoles; pouſſez de l'affection d'expoſer
leur labeur, & leur vie pour la Foy, à
l'exemple de leur bon Maiſtre, & Docteur ſaint Paul: ſe reſolurent d'em-
braſſer cette charge, & d'y aller anon-
cer la parole de Ieſus Chriſt.

Comme saint Denis, saint Nigaise & plusieurs autres Euesques, partirent de Rome pour aller aux Gaulles.

CHAP. XI.

L'EXEMPLE de ces deux braues Atletes, tous ceux de l'assemblée firent mesme resolution, & entr'eux choisirent les Prouinces esquelles Dieu par leur minystere vouloit estre cogneu, pour y retirer les peuples de la seruitude Diabolique. Alors saint Clement pour tant plus fortifier les fideles soldats de Iesus Christ, & leur donner les armes propres au combat Euangelique, les encouragea par ses admonitions, aux peines & soufrances, Mesme à constamment endurer les suplices & tourmens, lesquels par la sugestion de l'ennemy du salut des hommes, leur pouroient arriuer : & à l'exemple des Machabées, se rendre zela-

teurs du Testament de la nouuelle Loy,
combattans virilement en la guerre de
Dieu, sans iamais gauchir n'y reculer
arriere pour les menaces & violences
des Magistrats & des peuples: ains tousiours auec vne constance inexpugnable
trauailler, & de la parole & des œuures, pour l'aduancement de la Foy
Euangelique, leur remettant en memoire les paroles de leur maistre disant,
qui aura plus trauaillé, sera plus salarié.
Et pour leur donner plaine auctorité de
constituer autres en leurs offices, selon
l'occurrence & necessité, en constitua
aucuns d'eux Archeuesques, Euesques,
Prestres, & Diacres, selon la capacité
d'vn chacun : comme saint Denis jà
consacré Euesque d'Athenes, demeura
en sa dignité; luy adioustant S. Rustic
& saint Eleuthere pour Prestre, &
Diacre. Saint Nigaise fust consacré
Archeuesque, saint Quirin Prestre, &
saint Scuuiculle Diacre, vn saint Paul
Euesque, & de mesmes S. Gatien, saint
Saturnin, S. Lucien, saint Regule, saint
Iulien, saint Exupere, saint Taurin &

autres, aufquels furent à chacun d'eux ordonnez des Preftres, & Diacres : & furent difpofez chacun en fa miffion pour les principales villes de France, & capitales des Prouinces : Comme faint Denis pour Paris, faint Nigaife pour Roüen, S. Paul pour Narbonne, faint Gatien pour Tours, faint Saturnin pour Thoulouze, faint Lucien pour Beauuais, faint Regule à Senlis, faint Iulien pour le Mans, S. Exupere à Bayeux, faint Taurin à Eureux, & plufieurs autres mentionnez en l'Hiftoire de Gregoire de Tours : & és vies des Saints, recueillies par Frere Laurens Surius Chartreux, comme auffi dans les Annalles du docte Cardinal Baronius, & autres auteurs Ecclefiaftiques.

Acheminement de S. Denis, & S. Nigaife, & leur arriuée à Arles en Prouence.

CHAP. XII.

TOVTE cette fainte trouppe, apres les benedictions receües de faint Clement, & les em-

braſſemens, tels que la charité & dile-
ction Chreſtienne pouuoit accompa-
gner leur tendres baiſers de paix, ſe partit, non ſans vn grand eſpanchement
de larmes, comme on peut croire, entre perſonnes liées d'vn ſi ſaint Amour:
leſquels pouuoient bien preuoir ne ſe
reuoir en cette vie mortelle, ſans quelque ſpecialle prouidence de Dieu. Or
afin de n'eſtre empeſchez en chemin, &
ne donner ombrage aux lieux ou ils
auoient à paſſer parmy les peuples d'I-
talie, Lombardie & Gaule Lyonnoiſe,
ou par tout, les Romains tenoient de
puiſſantes garniſons, & ou d'ordinaire
ils auoient des legions, meſme des ar-
mées entieres en diuers camps, pour
contenir les peuples nouueaux conquis
en ſubieſſion, & reprimer les nouuelles
emotions qu'ils faiſoient ſouuent, taſ-
chans a ſecoüer le joug. Cette ſainๅe
Compagnie ſe diuiſa par petites troupes, & ſelon que raportent aucuns Hiſtoriens comme Oldricus Vitalis Moine
de ſaint Euroult, & Mathieu de Veſt-
montier Anglois ; l'Ayans apris d'au-

tres plus antiens. Saint Denis & ses deux compagnons, saint Nigaise & les deux siens, comme ils estoient associez de pays natal, d'antiéne & nouuelle profession, demeurerent en mesme compagnie, & ensemble partirent de Rome pour venir en France aux lieux de leur mission : & montans sur mer pour passer plus seurement l'Italie, descendirent aux costes de Prouence, passerent à Arles, où ils s'arresterent quelque peu preschans la parole de Dieu. Et à leur commandement, en la presence du peuple, le Diable trebucha luy-mesme son Idole de Mars, & firent plusieurs autres miracles, pourquoy aucuns se conuertirent à la foy Chrestienne. Et constituerent (dit l'Histoire de l'Abbaye saint Denis) S. Regule pour Euesque, qui depuis vint en sa mission à Senlis, & est celuy qu'on apelle S. Ryeule par quelque corruption de langage. En cette mesme ville d'Arles, ces SS. firent par les nouueaux conuertis eriger autels, qu'ils dedierent à Dieu, sous l'inuocation des bienheureux apostres S. Pierre & S. Paul.

Continuation du voyage, arriuée, &
sejour à Paris.

CHAP. XIII.

APRES cette action faite à Arles, saint Denis, & saint Nigaise continuerent leur chemin, semant la parole de Dieu par tout ou ils passoient, sa prouidence les preseruant des empeschemens qu'ils eussét peu receuoir, afin qu'ils arriuassent, comme ils firent de compagnie à Paris, ville, deslors abondante en peuple, & encores plus en vanité, pour ce qu'elle surpassoit beaucoup d'autres citez Gauloises en gloire & richesses, & de mesmes, en vne obstinée superstition au culte des Idoles. En cette ville, nos SS. personnages demeurerent ensemble quelque temps, preschans particulierement & publiquement selon les occurrences, l'Euangile de Iesus Christ annonçans les choses de la Foy, & s'ef-

uertuans tant par la force de leur elo-
quente doctrine, que par les raisons diuines, d'atirer ce peuple à la cognoissance du vray Dieu. A quoy quelques
gens vertueux viuans moralement bien
selon leur Loy, creurent, aprouuans ces
veritez a eux enseignées : Cela estant
vne grace ordinaire de Dieu, de ne de-
laisser iamais dans les tenebres d'erreur,
ceux qui ont vn bon naturel, & lesquels
attendans quelque lumiere celeste, vi-
uent vertueusement dans la loy de nature auec toute humanité & douceur.
Plusieurs bonnes Dames receurent pareillement leurs sainctes paroles, & secrettement ces Saints Baptiserent plusieurs personnes.

De la stature , mœurs, & habits de saint
Denis & saint Nigaise : &
leurs Miracles.
C H A P.   XIIII.

CE v x de ces habitans de Paris dont
le naturel farouche faisoit rejeter
les salutaires admonitions de nos Saints,

ne pouuoient qu'ils ne les respectaf-
sent ciuillement, tant pour l'excelente
profondeur de leur sçauoir, que pour
leur aage & façon venerable, côme estoit
speciallement saint Denis : portant vne
longue barbe, & les cheueux blancs,
ainsi que nous voyons en ses portraicts
tirez lors de son viuant par quelques fideles, & que l'on peut tenir veritables,
au raport des Annalles de France, en la
vie du Roy Dagobert, qui le vist en cét
estat en la vision qu'il en eust sur son
tombeau, dans la Chapelle de Catulle
où il s'estoit retiré comme en lieu de
franchise, pour euiter la colere de Clotaire son pere, en l'an de salut six cens
vingt six. Et au regard de saint Nigaise,
il portoit vne face majestueuse, la che-
uelure longue à la façon des Grecs, auec
la barbe mélangée de poil roux & blanc,
dont nous pouuons parler auec certitude, pour estre la plus part de ce poil,
auec ses ossemens, en vne chasse d'argent où ils reposent dans nostre Eglise
dediée en son nom, en la ville de Meulent. Et ce qui les rendoit encores plus
admi-

admirables, estoit, qu'outre la simpli-
cité des habits longs, à la maniere
des Grecs & Romains , leurs actions
corespondoient à leur doctrine, exerçans toutes les œuures charitables à eux
possibles, soit en l'assistance des infir-
mes & malades, soit en la consolation
des affligez , indigens , & souffreteux,
leur subuenant de ce qu'ils pouuoient,
tant par eux , que par le moyen des Fideles qui en auoient les commoditez.
Et de plus, bien souuent par leurs attou-
chemens & prieres, au nom de nostre
Sauueur Iesus Christ, pour confirmatió
des veritez qu'ils enseignoient , ils en
guarissoient plusieurs : & Dieu par leur
main rendoit la veuë aux aueugles, faisoit oüir les sourds, cheminer droit les
boiteux ; & par le signe de la Croix
chassoient les Diables dés corps posse-
dez, & plusieurs autres miracles.

De la premiere Eglise bastie à Paris.

CHAP. XV.

LA parole de Dieu fructifiant au cœur
de plusieurs, dans quelque petite es-

D

pace de temps saint Denis erigea dans
Paris, en Oratoire ou Chapelle, vne
maison, qu'il consacra à Dieu, au
nom du premier Martyr saint Estienne,
où auec saint Nigaise ils Baptiserent les
nouueaux conuertis à la Foy, & y ce-
lebroient le saint Sacrifice de la Messe,
& par ce que le commun peuple les appeloit les hommes Grecs, les fideles
Chrestiens la faisant depuis construire
en vne Eglise plus spatieuse, la nomme-
rent S. Estienne des Grecs, à la difference d'vne autre, que quelques deuotes
personnes firent bastir aupres, dite saint
Estienne du mont.

---

*Des trauerses que le Diable donnoit au
trauail des Saincts.*

CHAP. XVI.

COMME l'ouurage du Sei-
gneur prosperoit entre les
mains de S. Denis & saint
Nigaise, l'ennemy du genre
humain craignant la ruine de son Em-

pire fur les mortels, & enrageant de ce
que par ces Saints hommes, les yeux
Idolâtres eftoient defillez, & les efprits
tirez de leur erreur ; tafcha d'opofer à
nos Sainéts, tous les efforts de fa puiffance, faifant mutiner par plufieurs
fois contr'eux des tourbes populaires,
lors que ces faints prefchoient contre
leur Idolatrie : Iufques à vouloir ietter
les mains violétes fur eux pour les mettre en pieces : Mais par la vertu diuine
lors de leur plus grande emotion, à la
feule veuë des hommes de Dieu, leurs
courages s'abaiffoient:& au lieu de cette cruauté, & fanguinaire felonnie qui
les auoit efmeuz, fe profternoient à leurs
pieds, & tournoient leur furie contre
leurs mefmes Temples & Idoles,& encores contre leurs Diaboliques facrifi-
cateurs. Aucuns de ce peuple d'eux-
mefmes comme forcez par vne interieure puiffance du Ciel, s'enfuyoient au feul
afpeét & regard des Sainéts, & par
ainfi le Regne de Satan s'alloit auiliffant,
pour faire place à la lumiere Celefte, que
ces Sainéts anonçoient.

D 2

Commencement du voyage de saint Nigaise pour aller en sa Mission à Roüen.

CHAP. XVII.

DE cét heureux succez, saint Nigaise rendant graces à Dieu par l'aduis de S. Denis, se resolut de descendre à Roüen, lieu de son departement Apostolique. Ayant apris la necessité qu'auoit cette ville, d'estre aussi-bien comme Paris, illuminée de la clarté de la foy Chrestienne, n'estant pas moins peuplée que Paris, pour estre la principalle de la Prouince, & vn grand abord de nations, a cause du commerce de la mer, ce qui la rendoit opulente & pleine de richesses, & dont les habitans estoient les plus attachez des Gaulles, en leurs resueries superstitieuses, pour l'adoration des Idoles, speciallement vers vne leur principalle, appelée Roth, dont l'on tient le nom de leur ville Ro-

thomagus en Latin auoir esté pris, pour
ce que Magus, selon le langage
des antiens Gaulois signifie maison, &
auoit-on voulu dire la maison de Roth.
A laquelle Idole ils Sacrifioient mesmes
des enfans, iusques a ce que les Romains
plus ciuilisez, apres les conquestes de
Cesar, leur osterent ces Barbares, &
abominables Sacrifices.   Or S. Denis
recognoissant que le talent dont le Seigneur les auoit chargez deuoit estre
multiplié, consentist à cette separation, comme tres necessaire, se delibe-
rant mesme d'aller en autres villes
planter l'estandart de la Croix, par la
Predication Euangelique, afin que les
peuples de diuers lieux receussent la
medecine salutaire qu'ils portoient à
leurs ames, & fussent par ce moyen
tirez des tenebres d'erreur ou ils estoiēt
tombez par l'astuce des Diables.

Depart de S. Nigaise, d'auec S. Denis.

CHAP. XVIII.

TELLE separation ne se pouuoit
faire sans espancher vn grand nom-

bre de l'armes que produifoit le bon inftinc d'vne naturelle & fraternellé amitié, pour auoir par fi longues années, demeuré enfemble dans vne fi faincte & fi aimable conuerfation. Mais preferans efgallement la gloire de Dieu à leur vtilité, & particuliere fimpathie, fe refolurent à ce depart : Et s'entr'exortans l'vn l'autre à fouffrir conftamment pour la fermeté de la Foy, toutes les aduerfitez & tourmens que le Diable pourroit fuggerer à leurs mal-veillans, & nonobftant toutes les trauerfes de l'enfer, continuer à trauailler fermement à l'aduancemét du falut des Ames: remettans toutes leurs efperances & confolations en Iefus Chrift : duquel ils s'eftoient faits Soldats dés leur conuerfion en la Grece, par les Predications de faint Paul, fe confians aux veritables paroles du Sauueur (*Voilà, ie feray auec vous iufques à la fin du monde*) fans fe foucier de la mort, puis que lüy-mefme l'auoit mefprifée ; & donné fa vie fi liberalement pour le falut des hommes: En quoy fes fideles feruiteurs S. Pierre

& faint Paul l'auoient fuiuy : & que
ce leur feroit vn grand bon-heur, d'employer leur fang en mefme combat, auquel ils eftoient prefts d'entrer, quand
Dieu le iugeroit conuenable pour fa
gloire, s'entredifans. N'ayons foucy des
aguets de Sathan, ny des hommes mef-
chans, arreftons nous fur cette pierre
folide & inebranflable Iefus Chrift : ne
craignons point les liens, les prifons, les
foüets, les tortures, ny toutes les furies
des peuples miniftres de l'Enfer, mefmes les tribunaux des iniques Magi-
ftrats ; Dieu parlera par noftre bouche
les chofes que nous aurons à refpondre
fuiuant fes promeffes. Finalement ces
hommes de Dieu s'entr'exortoient de
plufieurs autres faintes refolutions, &
bonnes paroles auant leur depart, qui
fut s'entre-baifans, & fe recomman-
dans aux prieres l'vn de l'autre.

Du chemin de S. Nigaife vers la riuiere d'Oife.
CHAP. XVIIII.

DV mefme departement de Paris,
furent aucuns autres eftablis (par

ces Ss. Difcipes des Apoftres, fuiuant la
charge qu'ils auoient euë de faint Clement pour faire pululer l'Eglife de
Dieu) en autres contrées de France, &
d'Alemagne , Bretagne , Aquitaine , &
autres pays ou ils allerent, dont ne fai-
fons mention en ce difcours, pour n'e-
ftre le fujet d'iceluy. Mais faint Nigaife
& fes deux compagnons S. Quirin Pre-
ftre, & faint Scuuiculle Diacre, prirent
leur routte vers Roüen : pour à l'exemple de faint Denis, & continuant le trauail qu'ils auoient fait enfemble à Paris,
faire en forte , fous la faueur de Dieu,
que fon nom eftant cognu en cette ville
de Roüen : la vaine fuperftition des
Idoles feroit dechaffée : & au lieu efta-
bly la Foy, & croyance de IefusChrift,
pour amener les creatures de Dieu au
falut de la vie eternelle. Le premier chemin de ces Saints voyageurs , fut d'aller vers la riuiere d'Oife, paffer proche
Conflans , ou cette riuiere entre en la
Seine. Et en ce lieu de Conflans, Andre-
fy , Triel & és enuirons , commencerent leurs Predications, ou par l'aide, &

energie defquelles quelques perfonnes
receurent la lumiere Euangelique.

---

*Arriuée de faint Nigaife au village de
Vaux où repairoit vn Dragon.*

CHAP. XX.

LE bruit qui couroit en ces
quartiers de l'affliction en laquelle eftoient les habitans du
village de Vaux, pour eftre tourmentez
d'vn Serpent ou Dragon monftrueux,
horrible, & d'vne effroyable grandeur,
qui faifoit fa demeure & retraicte en ce
lieu proche d'vne fontaine, donna cognoiffance à nos Saincts, que le Diable
auoit fufcité de l'excrement de la terre,
cét animal, pour nuire aux creatures de
Dieu auffi vifiblement, comme il faifoit occultement : ce qui les fift defcen-
dre en ce lieu, afin d'y magnifier la puiffance de Dieu : Où arriuez, ils fçeu-
rent les maux que faifoit iournellement
ce monftre Diabolique, defchirant &

E

tuant cruellement aucuns des habitans
qui alloient vers cette fontaine, ou en
leurs ouurages champeſtres. Deuorant
des enfans, & en offerçant pluſieurs.

Les Hiſtoires font foy, que Dieu a
ſouuent permis, que la terre infectée
des vices & pechez des habitans, ait
produit en diuers temps, & lieux, ſemblables Serpens & Dragons, pour eſtre
les miniſtres de la Iuſtice Diuine. Ainſi
qu'en la meſme ville de Roüen, ſe lit y
auoir eu du temps de ſaint Romain Archeueſque, qui viuoit l'an de ſalut ſix
cens vingt-deux, au temps de Dagobert, qui a eſté l'origine de ce grand
preuilege qu'à le Chapitre de Roüen, de
deliurer tous les ans vn priſonnier coul-
pable de mort. Semblablement en la
ville de Paris, du temps de l'Eueſque S.
Landry : Comme pareillement aux parties de Toulouze, & en vne infinité
d'autres lieux en France, dont Surius
en ſon grand recueil de la vie des Saints
fait mention, ſuyuant les teſmoigna-
ges de pluſieurs veritables Autheurs.

Ce Dragon, outre les cruautez que

le Diable faifoit par luy fur les perfonnes, & fur les animaux de la contrée, de
fon haleine puante & infernalle, infe-
ctoit, & corrompoit l'air des enuirons,
ce qui caufoit des Contagions à ceux
qui penfans eftre affeurez dans leurs
demeures, s'imaginoient (euitant la
rencontre du Dragon) euiter la toute
puiffante main de Dieu, qui fçait par
diuers moyens venger les outrages &
mefchancetez des hommes, lors que la
malice eft enracinée en leurs cœurs,
dont en arriue ainfi qu'il fait quand des
nuages amaffez fe preffans, font degou-
ter la pluye fur la terre: Et au femblable, les entaffemens, & amoncelemens
des impietez des mortels, font plouuoir
fur leurs teftes, l'ire vengereffe de la
Iuftice diuine : Et de cette Peftilence
plufieurs eftoient eftouffez, pour autant qu'elle rauageoit comme vn tor-
rent, ce que la ferocité de ce Monftre
ne pouuoit atteindre.

E 2

Predications de S. Nigaise, pour la conuersion
des habitans de Vaux, & des enuirons.

CHAP. XXI.

EN temps plus opportun n'eust iamais peu arriuer vn si celeste secours, que celuy que donnerent saint Nigaise & ses compagnons saint Quitin, & saint Scuuiculle, par leur bien heureuse arriuée en ce lieu qui estoit remply de tant de miseres, dont il est aisé à croire, que les pauures habitans d'iceluy, fussent en fin succombez soubz le pesant fardeau d'vne si estrange seruitude, où les reduisoit l'Ennemy du genre humain, par ce funestre Dragon.

Or est-il que pour y remedier, & par mesme moyen faire rayonner d'vne maniere admirable, l'esclat des lumieres de la Foy, & descouurir les tresors de l'Euangile : Ils prescherent à ces habi-

tans, les excellentes vertus de la Religion Chreſtienne, leur deduiſant ſelon
la capacité de leurs eſprits, ce qui eſtoit
des merueilles de Dieu en la Creation
de l'Vniuers, du Soleil, de la Lune, des
Eſtoilles : des Animaux terreſtres &
aquatiques: de l'Homme en l'eſtat d'in-
nocence : La reparation de la tranſgreſ-
ſion ; par la venuë du Meſſie promis,
s'eſtant fait homme paſſible & mortel,
lequel auoit donné ſon Sang, & ſa Vie,
pour la Redemption de la Nature humaine. Enſeignant aux hommes par ſon
exemple, le chemin de la Vertu, pour
arriuer à la gloire Eternelle : la porte de
laquelle, conſiſtoit en vne nouuelle regeneration par le Bapteſme inſtitué en
ſon Nom (qui eſt admirable,) & en vn
ſigne qui eſt l'inſtrument de ſalut la
ſaincte Croix, en laquelle il auoit voulu endurer Mort & Paſſion, pour la
redemption de tout le genre humain:
Apres s'eſtre luy meſme fait homme
pour rendre les hommes ſes Freres &
Enfans adoptifs de Dieu, les faiſant
auec luy coheritiers du Ciel, en la ioye

des Bien-heureux pour vne eternité.

Or ces simples gens goustans selon leur rudesse, ce qu'ils pouuoient entendre de ces sainctes admonitions, se laissoient peu a peu gaigner: parce que pour leur faire conçeuoir plus aisémét, ils les accompagnoient de similitudes grossieres, & sortables à la portée & capacité de leurs esprits : Imitant en icela, leur Docteur & Maistre IESVS CHRIST, qui l'auoit autre-fois ainsi pratiqué, & par cette methode & maniere, leur faisoient toucher au doigt, & voir à l'œil, ces persuasions estre bonnes, & icelles aduoüer pour des verités infaillibles, telles qu'elles estoient.

Mais le bien que pour telle croyance on leur promettoit, ne leur estoit si sensible que le mal present qu'ils souffroiét par la rage du Diable exercée en ce Dragon. Cause pourquoy quelques-vns d'entr'eux requirent à ces hommes de Dieu, de leur faire voir quelques signes surnaturels de la puissance du Dieu qu'ils anonçoient, pour seruir de tesmoignages, que leurs paroles estoient

plainement vrayes, d'autant (disoient-
ils) qu'eux, & leurs peres auoient vescu
assez heureusement en ce lieu : sous la
protection des Deïtez qu'ils adoroient:
Sinon, depuis que ce Monstre s'estoit
procreé en leur contrée, par quelque
destin à eux incogneu : Ou bien pour
auoir offencé leurs Dieux ce mal leur
estoit aduenu. Que si ce Dieu, dont ils
vantoient la puissance estre infinie, les
pouuoit deliurer de ce Dragon ; Ils of-
froient adjouster plaine foy à ce qu'ils
disoient, receuoir le Baptesme, & se
ranger en la profession de la vie Chrestienne.

Comme saint Nigaise fist prieres à Dieu, pour
vaincre le Dragon ; & enuoya saint
Quirin vers luy.

CHAP. XXII.

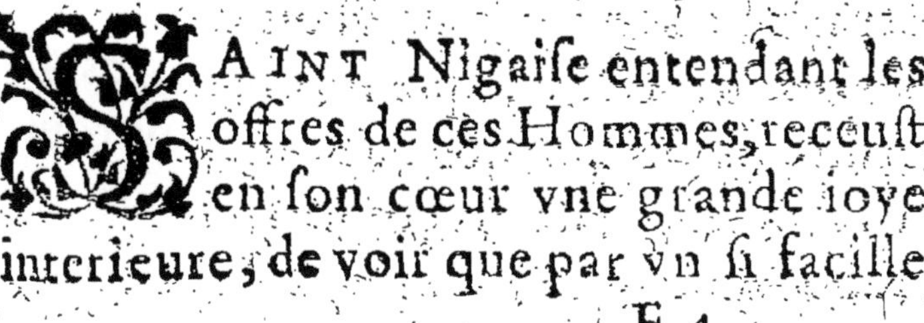

SAINT Nigaise entendant les
offres de ces Hommes, receust
en son cœur vne grande ioye
interieure, de voir que par vn si facille

moyen, il pouuoit gaigner tant d'ames
à Dieu. Pourquoy luy rendant graces, le
pria; Que puis qu'il auoit pleu à sa prouidence, d'amolir les cœurs de ces peuples, & les auoir rendus susceptibles
de sa doctrine : de peur qu'vne telle œuure ne demeurast imparfaite, il luy
pleust estendre sa main toute puissante,
& luy communiquant vne petite estin-
celle de sa vertu, il luy donnast le pouuoir d'opérer les œuures propres a faire
cognoistre son Nom. Lors se confiant
en la misericorde de Dieu, en la presence de tout le peuple qui s'assembloit à
grosses troupes a l'entour de ces Saints
hommes: saint Nigaise bailla son Estolle
à son Prestre saint Quirin, luy disant:
Au nom de nostre Seigneur IESVS
CHRIST Fils du grand Dieu viuant,
que nous annonçons à ces Hommes icy,
allez au lieu où cette fiere beste fait sa
retraicte : Luy commandant d'obeyr à
la voix de Dieu, que nous autres ses
seruiteurs portons: & que quitant toute
sa ferocité, elle reçoiue le ioug du
grand Maistre; & de cette Estolle com-

me d'vne chaine bien puiſſante amenez
la en ce lieu deuant ce peuple, afin qu'il
cognoiſſe la puiſſance du Dieu que nous
leur preſchons.

Ce commandement receu, ſaint Quirin obeiſſant à ſon Superieu, & bon
Maiſtre, plein de zele & de Foy, va en
toute aſſeurance vers le lieu & Cauerne
ou ce fier Dragon faiſoit ſon repaire,
duquel apperceu, auec vn heriſſement
d'eſcailles s'eſleua en vne fierté tres-
grande, ſiflant des narines, & iettant
d'vne grande gueule ouuerte, vne eſ-
poiſſe fumée puante & ſulphurée, &
les yeux eſtincelans de fureur, ſembloiẽt
chandelles allumées, de ſorte que ſor-
tant auec impetuoſité il ſembloit voler
pour ſe venir fondre, & ietter ſur ce S.
Meſſager, pour en faire ſa proye, comme il auoit fait de pluſieurs autres: Mais
au ſigne de la Croix que fit ſaint Quirin,
toute cette furie s'aneantit, & comme
ſi vn coup de foudre luy euſt ecraſé la
teſte, demeura palpitant, ne luy re-
ſtant de vie que pour la plus grande gloire de Dieu, & à ſeruir de ſpectacle à ce

peuple, estonné de la puissance du Dieu anoncé par ces Saints.

Le Dragon amené à saint Nigaise, qui le fit creuer deuant le peuple.

CHAP. XXIII.

CE terrestre Demon, par le signe admirable de la Croix, demeura courbé, & flechissant au vouloir du seruiteur de Dieu, lors S. Quirin le lia de l'Estolle, & luy ayant commandé de suiure, l'amena doux comme vn agnelet à saint Nigaise, en presence de toute l'assemblée, lesquels pour n'estre encores affermis en la Foy qu'on leur preschoit, le ressentiment tout frais des maux receus par ce Monstre abominable, leur causa vne aprehention & terreur comme panique, ne se pouuans confier à leurs yeux, de ce qu'ils voyoient, s'esbranslerent pour fuir à leur ordinaire : mais saint Nigaise les as-

fautant par ſes exortations:leur remon-
ſtra, & fiſt euidemment cognoiſtre les
merueilles que Dieu vouloit par ſes
mains operer pour leur ſalut. Qu'ils
deſpoüillaſſent toute crainte, & qu'en
la vertu du meſme Dieu, au meſme
nom de ſon Fils noſtre Sauueur IESVS
CHRIST par ſa ſeulle parole il briſe-
roit ce Serpent. Adjouſtant, Et tout
ainſi que vous voyez icy cét animal en-
geance de l'Enfer, proſterné à nos pieds,
de meſme le Diable (par luy fort bien
repreſenté,) l'a eſté au iour que ſouf-
frit mort le Redempteur du monde ce
IESVS CHRIST que ie vous anonce,
& duquel nous eſt demeuré la Croix
pour ſigne de victoire, & ſous laquelle
flechiſſent toutes les puiſſances infer-
nales: & au Nom duquel IESVS toutes les infirmitez humaines reçoiuent
alegement, les maladies gueriſons, &
les fideles Croyans, le ſalut de la vie future.

Que ce ſigne ne ſoit puiſſant en la
ſorte que ie vous dits, en voicy les
effects:Et en faiſant le ſigne de la Croix

dit. Serpent maudit, au Nom de IESVS CHRIST sois debrisé, & derompu, en sorte que reduit en poussiere, le vent efface la memoire de ta charongne. A l'instant se fit vn fracas de ce Monstre, auec vn bruit, comme si le foudre de l'air fut descenduë pour le consumer; & en vn moment il se dissipa en sorte qu'il n'en parut plus rien.

Conuersion, & Baptesme de plusieurs personnes.

CHAP. XXIIII.

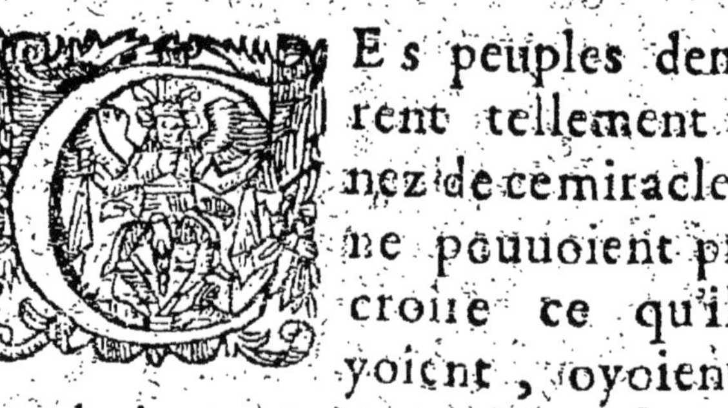 ES peuples demeurerent tellement estonnez de ce miracle, qu'ils ne pouuoient presque croire ce qu'ils voyoient, oyoient, & touchoient : & incontinent se prosternerent par terre, & en leurs entendemens, s'imaginoient ces hommes Saints estre quelques Deitez terrestres, telles

que leurs Anceſtres leur auoient delaiſ-
ſez en l'opinion des fauſſes Deïtez qu'-
ils adoroient, & leur vouloient rendre
des honneurs ſemblables, & tels qu'ils
ſouloient faire à leurs Statuës. Mais
ſaint Nigaiſe les reprenant ainſi que
ſon Maiſtre & Precepteur ſaint Paul
auoit fait les Atheniens: leur fiſt veoir
& cognoiſtre qu'ils eſtoient hommes
mortels comme eux; & que ce n'eſtoit
pas par leur vertu qu'ils faiſoient ces
merueilles, n'eſtant luy & ſes compagnons, que les miniſtres de la miſericorde de Dieu: qui les venoit viſiter
pour les tirer de l'erreur auquel iuſques
alors ils trempoient, les conduire en la
cognoiſſance des choſes Celeſtes & diuines, qu'ils auoient ignorées; & pour
eſtre plainement deliurez des tromperies de l'ennemy. Or pour auoir les
yeux deliurez de l'obſcurité ou ils
eſtoient detenus, il eſtoit neceſſaire
qu'ils fuſſent lauez par le ſaint ſacre-
ment de Bapteſme, inſtitué pour cét effet: par lequel ils ſeroient faits enfans
adoptifs de Dieu, & capables de la vie

Eternelle Toutes lesquelles exortations
considerées par ces bonnes gens : d'ailleurs inspirez de la bonté de Dieu, ad-
jousterent foy & plaine croyance à ce
que leur disoit S. Nigaise & ses Compagnons : & sans differer dauantage, requirent instamment estre admis à receuoir cetant salutaire lauement du saint
Baptesme. Pourquoy, en peu de iours de
l'eau de cette fontaine en furent par ces
Saints hommes Baptisez, iusques à trois
cens dix-huit personnes, de diuers aages
& sexes, & outre firent plusieurs miracles sur eux, en guarissant par leurs
prieres, les maladies & infirmitez d'aucuns. Depuis ce temps là, cette Fontaine à retenu les marques de cette merueille, & s'appelle encore à present, la
Fontaine saint Nigaise, & par traditiue
des bonnes gens du lieu, il est tenu pour
asseuré, s'y estre fait, & s'y continuë à
faire souuent des Miracles, enuers ceux
qui par deuotion vont boire de cette
eau, dont speciallement les malades de
Fiévre reçoiuent des allegemens esmer-
ueillables, & mesme des guerisons en-

tieres. Ioignant laquelle Fontaine, est
basty encores vn petit Oratoire, où il
y a vne antienne Image de saint Nigaise, figurée en l'action, comme saint
Quitin luy amene ce Dragon, lié de
l'Estolle, sur lequel il exerce la male-
diction qui le fist dissiper comme nous
auons dit.

---

*Comment au recit des Miracles de S. Nigaise,
plusieurs autres furent conuertis, entre-
autres ceux de Meulent.*

CHAP. XXV.

CETTE heureuse Conuersion
jointe à ces Miracles, en
amena encor d'autres du voi-
sinage, en la mesme cognoissance du vray Dieu; ce qui fist sejour-
ner saint Nigaise en ces quartiers, comme à Meulent: où continuant les mesmes exortations, il y atira beaucoup de
personnes à receuoir la Foy, ET le Baptesme, Et sur l'antiquité des lieux

y a prefomption, qu'à l'imitation de S.
Denis qui auoit erigé vne Eglife à Paris
S. Nigaife dedia auffi à Dieu quelques
Autels en ces quartiers, comme à Vaux,
foubz l'inuocation de faint Pierre Prince des Apoftres, & à Meulent fous l'inuocation de la bien-heureufe vierge
Marie mere de Dieu. Lefquels Autels
ou Oratoires (s'eftant acru la deuotion)
ont efté reedifiées en de belles Eglifes,
telles qu'on les voit auiourd'huy, fpe-
ciallemét celle dans Meulent, qui eftoit
deflors ville fermée de foffez couppés
dans le Roc, & fortifiée par les habitans, pour refifter à la tirannie de La-
bienus Lieutenant de Cefar, qui guer-
royoit les Beauuoifins, dont ils eftoient
affociez, & qui eftoient (ainfi que difent
Hirtius & Florus, & le mefme Cefar
en fes Commentaires) les peuples plus
beliqueux des Gaules.

Continuation

Continuation du voyage de S. Nigaise.

CHAP. XXVI.

 PRES ces choses ainſi diſpoſées à la gloire de Dieu, en ces lieux de Vaux & Meulent, ſaint Nigaiſe & ſes deux Compagnons, par le mouuement du ſaint Eſprit qui les guidoit, ſe mirent en chemin pour tirer au lieu de leur miſſion, prenant leur route ſuiuant la riuiere de Seine, & touſiours en chaque vilage preſchoient la parole de vie, & arrachoient des griffes de Sathan quelque pauure Brebis, qu'ils mettoient au troupeau & en la Bergerie de IESVS CHRIST; Pluſieurs negligeans leurs ſalutaires admonitions, demeurerent dans leur confuſion : & les plus aduiſez gaignerent Dieu, en ſe laiſſans gaigner eux meſmes aux ſainctes perſuaſions de ſes Seruiteurs. Ainſi, ce qui eſtoit le ſalut pour aucuns, ſeruoit de plus rude condam-

F

nation pour les autres qui refusoient la lumiere Euangelique, ce qui doit faire cognoistre aux pesans & tardifs, combien le temps des Celestes inspirations, & saincts mouuemens est cher, & que les occasions de bien-faire perdues, se recouurent difficilement.

Arriuée à Mante, & des Conuersions qu'il y fist.

CHAP. XXVII.

L A bonté de **Dieu**, ayant fait en ces lieux, par les mains de ses seruiteurs telles merueilles, apres auoir affermy la croyance des Conuertis, par plusieurs signes & Miracles, ils passerent plus auant en païs, tousiours preschans, & admonnestans les peuples, à penitence, & salut. Arriuez à Mante, ceux de cette ville, comme curieux d'aprendre les choses qu'ils ne cognoissoient, les entendirent volontiers discourir: Car en

ce lieu eſtoient reſtez quelque races de
ceux qu'auparauant on appeloit les Sages des Gaules, qui reſidoient à Chartres, & aux villes circonuoiſines, &
qui tenoient leurs aſſemblees à Dreux,
d'où ils furent nommez Drüides, ou
bien a cauſe de leur nom, la ville de
Dreux priſt le ſien. Et ces Drüides enſeignez par vn Samotés (d'ou quelque-
fois on les apeloit Samoteans) eſtoient
les plus grands Philoſophes & entendus
és choſes diuines & humaines, d'entre
les peuples Gaulois, ainſi que Diogenés
Lærtius en la vie des Philoſophes liure
cinquiéme, recite ; Deſquels Sages
eſtoit compoſé vn Conſeil à la maniere
que nous auons dit des Areopages d'A-
thenes, ou bien du Senat de Rome : Et
aux Gaules eſtoient les Definiteurs des
choſes de la Religion, & de l'Eſtat.

Or parmy ces hommes entendus, ſaint
Nigaiſe par la force & viuacité de ſon
Eloquence, puiſee dans la ſource des
ſciences en cette premiere Academie
d'Athenes, & encore plus, par la grace
& don du ſaint Eſprit, qui enſeignoit

par fa bouche, les merueilles de Dieu
leur fift entendre & goufter ce qui eftoit
des mifteres de la Foy: leur remonftrant
la fucceffion des temps, depuis la Creation du monde jufques alors, la repro-
bation du peuple Iuif, & l'eflection faite
en la prouidence Eternelle des Gentils,
pour eftre les enfans bien-aimez de
Dieu, & les coheritiers de la gloire
Eternelle. Ce Dieu tant debonnaire qui
ne defire, & ne veut des hommes fes
creatures, n'y œuures n'y Sacrifices fi
peniblement feruilles, pource que fon
Ioug eft doux, & fa charge legere: Qui
fe contente de tendres affections vers fa
Majefté, des loüanges pour Sacrifices,
s'abftenir du mal, faire le bien: Bref,
que la perfection de cette nouuelle Loy
dont il leur parloit, confiftoit en actes
de Iuftice Ciuille, que les hommes nais
vrayement hommes, ne fe pouuoient
defnier entr'eux, qui confiftoit apres
l'entier amour vers Dieu; à s'entr'aimer
les vns les autres: faire, & ne faire à
autruy ce que l'onvoudroit eftre fait, &
non fait à foy-mefme. Ces paroles am

plifiées, comme on peut s'imaginer de
viues & preignantes raisons , eurent
tant de force & d'energie en ces esprits
ja d'ailleurs policez , que plusieurs
d'entr'eux embrasserent la Foy & le Baptesme, abjurans l'adoration des Idoles,
apres qu'ils en eurent euidemment re-
cogneu l'abus , & l'erreur : Pour adorer
le grand Dieu Autheur, & Createur de
toutes choses ; Et cela fait nos Saincts
cheminerent plus bas, suiuant le mesme cours de la riuiere de Seine.

Descente de saint Nigaise & ses Compagnons
au village de Monceaux, où dans vne Roche
habitoit vn Demon.

CHAP. XXVIII.

AV dessous de Mante, est vn lieu
appellé Monceaux, où dans vne
Roche, sur le bord de la riuiere
de Seine, estoit vne vieille spelonque &
cauerne (d'où antiennement on auoit
tiré des pierres) de laquelle le Diable

s'estoit emparé, & y faisoit habitation, réelle paroissant visiblement aux habitans d'alenuiron, leur faisoit des maux innumerables, speciallement à ceux qui nauigeoient sur l'eau, en laquelle souuent il excitoit des vents, & tempestes orageuses, qui faisoient perir les bateaux. Quelque-fois faisant paroistre des Monstres aquatiques, & fantosmes effroyables, qui ataquoient & affligeoient les Mariniers, dont aucuns mouroient de peur, & de mal. Autrefois sur terre il paroissoit en forme de Cocodrille, de Serpent horrible, de Panthere, de Leopart, de Lion, & autres bestes furieuses. Tantost en Chameau, en Elephant, en Rinocerot & autres plus grands animaux, puis en figure Feminine pour deceuoir les Charnels: Bref, ce malin Esprit faisoit vne infinité de maux; & sembloit que preuoyant la ruine de son Empire sur les Creatures de Dieu, lesquelles il auoit par si long-temps tenus esclaues sous sa tirannique domination. Il voulut faire comme vn rauage & derniere main de

ce qu'il pourroit rauir. En ce lieu si mi-
serable pour les habitans, arriua heureusement pour leur salut, saint Nigaise
& ses Compagnons, qu'ils accueillirent
auec grande ioye, sur le recit qui leur
auoit esté fait, des merueilles qu'ils
auoient fait en la ruine du Dragon de
Vaux; Et sur l'espoir qu'ils auoient de
recouurer par leur moyen leur pristine
liberté; Et à cette occasion se laisserent
aisement persuader à croire & suiure
l'adoration du vray Dieu; les effects de
la puissance duquel ils attendoient, au
dechassement de ce Demon infernal, &
pource le requeroient à grande in-
stance, & fortes suplications à saint
Nigaise: lequel voyant que la nature de
ces peuples estoit telle de ne receuoir
la Foy entiere, sinon par œuures Mira-
culeuses, se mist auec saint Quirin, &
saint Scuuicule ses compagnons, en
prieres & oraisons; suppliant la misericorde de Dieu, faire voir que son bras
n'estoit accourcy, ny sa puissance li-
mitée; Que son Nom est redoutable
iusques au plus profond des Enfers; &

qu'au feul Nom d'iceluy, le Diable fre-
miſſoit, & fuyoit meſme à la voix d'vn
Enfant, qui adjure & commande en la
vertu de Dieu. Qu'il ſe ſouuiñt de
ſes promeſſes, ſçauoir eſt d'eſtre prompt
au ſecours de ceux qui l'inuoqueroient
de la profondeur du cœur, comme ils
faiſoient, pour obtenir de luy en faueur
de ces peuples, le pouuoir de vaincre
ce Diable, auſſi bien en ſon eſſence,
comme ils auoient fait le Dragon ſa figure : afin que ces ſimples gens de ſa-
ueuglez, receuſſent plainement la lumiere de la Foy.

Dechaſſiment du Diable de la Roche de
Monceaux par S. Nigaiſe.

CHAP. XXVIIII.

A PR ES que ces Saints
eürent finy leur Oraiſon,
ſe confiahs au ſecours
d'enhaut, auec vn grand
nombre de peuple (qu'ils
aſſeuroiÉt dans la crainte qui les faiſoit
fremir,

fremir & trembler, pour la terreur &
crainte en laquelle ce Demon les auoit
iufques alors detenus) s'aprocherent de
cette roche , & laiffans ces hommes
tremblans vn peu effloignez, pour n'ofer
aprocher plus auant s'aduancerent iufques à l'emboucheure de cette cauerne,
où S. Nigaife s'efcria hautement oyans
les affiftans. Mechant Demon qui te
caches en cette roche, pour tromper &
furprédre les ames & les corps des creatures de Dieu : Ie t'adjures par l'innef-
fable nom de la tres-faincte Trinité, &
par la vertu de mon Sauueur IESVS
CHRIST, au nom duquel tout fle-
chit au Ciel, en terre & aux Enfers ; &
au nom du grand Dieu viuant (par lequel tu es auec tes fupofts efprits de
rebellion, il y a long-temps condamné
aux flames eternelles) que tu ayes à
fortir tout prefentement de ce lieu, fans
que tu puiffe d'orefnauant nuire à aucuns des hommes , pour lefquels ce
Verbe Incarné a efpandu fon Sang pre-
cieux en l'arbre de la Croix: & que fans
tarder d'auantage , tu t'en retournes

G

auec Satan en l'abiſme. Ces paroles
ainſi proferées hautement, il adjouſta
le ſigne de la Croix ; Et à l'inſtant on
oüiſt vn grand bruit , & tintamarre
dans cette cauerne qui commença à
trembler, & toute la terre d'alenuiron,
puis s'eſleua le cry d'vne voix effroyable, comme d'vn aſſemblage de furieux
hurlemens:Et ce Diable ainſi tourmen-
té, & contrainct par la vertu de Dieu,
n'oſant ſortir par la gueulle de cette
Spelonque , ou eſtoient les ſeruiteurs
de Dieu, rompit & creua la roche iuſques au ſommet de la montagne, y laiſ-
ſant vne grande fente & pertuis comme
d'vn puis au plus haut, d'où faiſant vn
horrible bruit, il ſortit en forme d'vn
tourbillon de foudre & tempeſte d'vne
tres-mauuaiſe odeur, à la veuë de ces
peuples, leſquels par cette merueille,
adjouſterét vne entiere foy aux veritez
que leur preſchoiét ces perſonnes Sainctes, & par leurs mains receurent le
Bapteſme, cóme à leur imitation beaucoup du voiſinage, qui accouroient à
groſſes trouppes vers les Saincts pour

eſtre enſeignez en la foy Chreſtienne,
auſſi Catechiſez & Baptiſez.

Comment ſaint Nigaiſe & ſes Compagnons
arriuerent à la Rocheguyon, & de la
Conuerſion de ſainɛte Pience
Dame du lieu.

CHAP. XXX.

DE cette ſtation de Mon-
ceaux, nos Sainɛts chemi-
nans ſelon le meſme cours
de la riuiere de Seine, paſſe-
rent en quelques bourgades,
& particulierement s'arreſterent en vn
lieu nommé apreſent la Rocheguyon,
dont pour lors eſtoit Dame, vne Noble
femme grande d'extraction & parenté,
puiſſante, & riche en grandes terres, &
Seigneuries, qui eſtoit veſue d'vn grand
Seigneur, nommé Vuadimiacus (ainſi
qu'auons trouué dans vn antien manuſcrit) laquelle eſtoit eſtimée tres ver-
tueuſe, viuant moralement bien ſelon ſa

Religion en tout honneur & modeftie,
& de plus, des fa ieuneffe s'eftoit appli-
quée à feruir charitablement les pauures & miferables : Vertus, qu'en quelque Religion qui aye efté , s'obferuoit
par les plus Sages, tant Grecs, Romains,
Gaulois, qu'autres nations de la terre;
& que mefme fe pratique encores par
les Turcs, Arrabes, Perfes, Chinois, In-
diens. & autres Infideles. En ce lieu S.
Nigaife Continuant fon office Apofto-
lique, fe mift auec fes deux cõpagrõs
faint Quirin & faint Scuuiculle dans les
places & carrefours à annoncer hautement le Royaume de Dieu, & les chofes appartenantes à la Foy. Leurs paroles comme chofes nouuelles aux habitans du lieu, les eftonnerent grandement, comme au femblable leur habit,
pour eftre long, à la façon des Grecs,&
vfage des Preftres Chreftiens, ayans la
tefte nuë, & les cheueux longs, efpars
fur les efpaules, & la barbe fans eftre
coupée, pource que lors n'auoit encores efté fait le Decret pour la tonfure
des Clercs, qui eft la coronne que lon

porte au sommet de la teste, & le raze-
ment de la barbe n'auoit esté ordonné,
ainsi qu'il fust depuis par le Pape Ana-
cletus: Nonobstant lequel estonnemét,
aucuns ne delaisserent d'escouter atten-
tiuement leurs admonitions, & prendre
quelque goust à leurs enseignemens,
n'entédans parler que de douceur, man-
suetude, debonnaireté & charité; ce qui
fit qu'aucuns seruiteurs de cette bonne
Dame, luy reporterent les nouuelles de
ce qu'ils auoient ouy dire à ces hommes:
incontinent esmeuë par quelque secret-
te prouidence de Dieu, qui vouloit re-
compenser les bonnes œuures qu'elle
auoit exercées, pour le seul respect tem-
porel d'vne bien sceance humaine; Manda & fit venir vers elle saint Nigaise &
ses Compagnons, & apres les auoir entendus, embrassa secrettement la Foy
Chrestienne, & elle & toute sa famille
furent Baptisez.

Miracles faits à la Rocheguyon, &
aux lieux circonuoisins.

CHAP. XXXI.

LA Conuersion de cette Dame, donna à nos Saints vn ferme abord, & plaine liberté de prescher par tout le pays; & d'y semer les pa-roles de la Foy, ou elle pulula grande-ment, parce que beaucoup de personnes à l'exemple de leur Dame, receurent le saint caractere des Chrestiens; & pour dauantage les confirmer à croire la ve-rité de ceste doctrine, Dieu fist plusieurs miracles par leurs mains, en ce lieu & es enuirons, ou a la priere de cette bône & saincte Dame ils sejournerent quel-que temps, & erigerent des Oratoires; ou les fideles Chrestiens s'assembloient pour prier Dieu, & ou S. Nigaise ce-lebroit les mysteres diuins, Catechisoit, & Baptisoit ceux qui se vouloient en-

roller au nombre des brebis de IESVS
CHRIST. Vn vieil liure manuscrit
que nous auons veu, dit, qu'entre les
Miracles que saint Nigaise fist en ce lieu
fut, qu'il restitua la veuë à vn vieil Prestre de leurs Idoles, nommé Clair, qui
estoit demeurant chez cette saincte
Dame, & auoit perdu les yeux il y auoit
long-temps par quelque destruction,
pourquoy il creust aisément à la verité
qu'il oyoit prescher à ces saincts hommes. Et cét homme auec saincte Pience
meriterét receuoir ensemblément pour
la Foy la couronne du Martyre, ainsi
que nous dirons cy apres.

---

*Machinations des Diables, & des Pontifes
Payens contre les Chrestiens.*

CHAP. XXXII.

R comme Dieu operoit tant
de merueilles en la promulga-
tion de la Loy Euangelique
par saint Nigaise, saint Denis, & gene-

ralement par tous ces Ss. perſonnages
enuoyez de Rome és Gaulles par ſaint
Clement, ainſi qu'auons dit, & dont les
actes de leurs vies font mention, ſelon
qu'en ont recueilly Euſebe, Clement
Alexandrin, ſaint Hieroſme, Iuſtin, Surius, Baronius & autres Hiſtoriens Ec-
cleſiaſtiques. Satan ennemy de Dieu &
du ſalut des hommes, voyant que ſon
Empire aloit diminuant, par l'abandon-
nement qui ſe faiſoit en pluſieurs lieux,
de l'abominable adoration des fauſſes
Deïtez, dont ces Sainds perſonnages
decouuroient au peuple les deceptions,
erreurs & tromperies : Il tourna contr'eux toutes les forces de ſes furies In-
fernales, & pour ce faire, eſmeuſt tous,
ſes ſeruiteurs, particulierement les Pontifes & Sacrificateurs des Temples (ou
ſe faiſoient les Sacrifices aux Idoles) à
crier, & ſe plaindre aux Gouuerneurs
des Prouinces Gauloiſes pour les Empereurs Romains, que tous ces gens,
non ſeulement troubloient le ſeruice de
leurs Dieux, mais contre les Edicts &
deffences de Neron, les deſtruiſoient,

& abatoient. Que la Religion estoit
tellemét attachée à leur Estat, que l'vne
ne pouuoit estre blessée sans l'autre, &
que si on ne remedioit à ces nouueautez en leur naissance, l'acroissement en
viendroit si grand, qu'il pourroit atrai-
ner apres soy vn mespris des Loix; &
en suitte, des mutineries populaires.
Ces malheureux Pontifes suggerez
par les Diables, cachoyent leurs inthe-
restz par des maximes d'Estat, d'autant
que la ruine de leurs Idoles, estoit la
leur, ne viuans que des offrandes &
Sacrifices qu'ils faisoient faire à ces belles Deitez de pierre, de bois, d'argent,
ou d'Or; Ainsi que nous lisons en l'Histoire de Daniel, ou fut descouuerte la
tromperie de semblables impostures.
Mais Sathan par vne ruse plus méchan-
te & pernicieuse pour les seruiteurs de
Dieu, s'aduisa d'vne malice plus estrange & in ouye, ce fut: qu'apres la mort
du bon Empereur Titus, comme Domicien tenoit l'Empire, qu'il garda quinze
ans; il peruertist tellement l'esprit de
cét Empereur, qu'il deuint encore plus

meschant, cruel, & sanguinaire que
Neron:& pour le combler d'execration
& d'impieté, fust, qu'il ordonna estre
adoré comme vn Dieu:& pour cét effet
ses Statuës, & Images estre mises aux
Temples, dont il enuoya publier Edits
par toutes les Prouinces subjectes à
l'Empire. Ses predecesseurs n'en estoiét
venus à cét excez, ainsi que dit l'Hi-
storien Casiodore, qui l'en fait le premier inuenteur. Ce qui vint bien à propos, pour le dessein de ces tres-mise-
rables Pontifes & Sacrificateurs, afin
que la detestation que les Chrestiens
faisoient des Idoles, semblast tourner
côme vn mespris de la dignité Imperialle, & contrauention à leurs Ordonnan-
ces, & côtre ces pauures Innocens, mes-
ler le crime de leze Majesté humaine,
auec la Diuine de leurs fausses Deïtez.

Des Decrets de l'Empereur Domicien
contre les Chrestiens.

CHAP. XXXIII.

SVR telles instigations des Pontifes
Payens, les Proconsuls, & Gouuer-

neurs des Prouinces Gauloises donnans
aduis comme ils faisoient ordinairemét
à l'Empereur , de ce qui se passoit en
leurs deportemens, luy firent entendre
pour nouuelles, comme certains hommes estoient venus parmy le peuple, annonçans vne Religion non iamais ouïe
ny entenduë, preschans vn Dieu mort
au gibet d'vne Croix, qu'ils faisoient
plus grand que toutes les Deïtez du
Pantheon; mesprisans les Dieux ordinaires, estans mesmes si osez, que d'en
briser aucuns par Charmes & Sortile-
ges, d'esdaignant d'adorer les Statuës
de sa Majesté comme il estoit ordonné:
Bref, seduisans les sages, & les simples
par leurs impostures ; & craignoient
que telles nouueautez n'atirassent les
peuples en de seditieuses rebellions contre l'Empire. Pareils aduis estans portez à Rome des Pays de la Grece , de
la Germanie, d'Espagne, & autres lieux
ou les Disciples des Apostres estoient
allez prescher l'Euangile, furent cause
que l'Empereur Domicié decerna nouueaux Edits portez par tout l'Empire.

ou il commanda que toutes nations &
peuples eussent à sacrifier à leurs Deitez ordinaires, & principalement qu'on
y contraignit ces nouueaux Sectaires
surnommez Chrestiens, par toutes sor-
tes de suplices & tourmens ; decretant
peine de mort à tous contreuenans.

*De la seconde persecution generale
contre les Chrestiens.*

CHAP. XXXIIII.

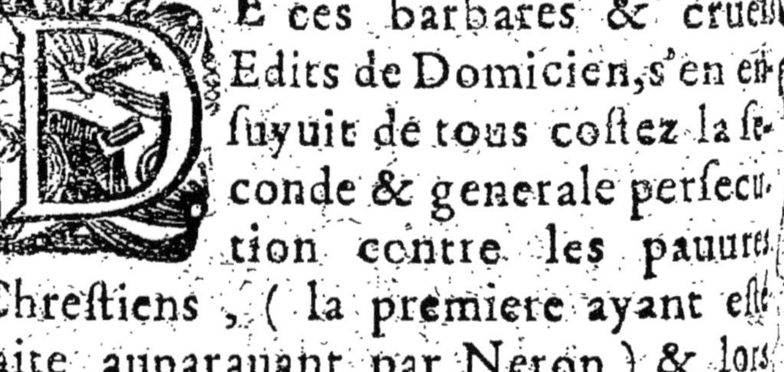

E ces barbares & cruels
Edits de Domicien, s'en en-
suyuit de tous costez la seconde & generale persecu-
tion contre les pauures
Chrestiens, (la premiere ayant esté
faite auparauant par Neron) & lors
tous les Ministres & Officiers des Prouinces se voyans en plaine puissance de
la vie & de la mort ; d'vne audace ef-
frenée par vne rage & manie du tout fe-
lonne, souflée par les Demons en leurs

esprits, se jetterent sur les pauures brebis du Seigneur , & en diuers lieux les
dechirerent par les plus estranges cruautez & inhumanitez dont l'Enfer leur
pouuoit sugerer les barbares inuétions:
speciallement auec plus de vehemence
& de rage sur les saints Pasteurs, qui si
fidelemét leur auoient enseigné & apris
la cognoissance du vray Dieu ; leur
auoient ouuert le Ciel , & par le moyen
du Baptesme, rendus capables de la vie
eternelle. O combien d'odorantes Victimes furent lors offertes & immolées
à Dieu ! Combien de vieillards honorables encourageans les plus Ieunes,
aloient gayement au combat , asseurez
d'vne signalée victoire , de laquelle ils
estoient asseurez receuoir la Couronne
au bout de la Carriere : Combien de
ieunes adolescens firent paroistre la
generosité, & fermeté de leurs inuin-
cibles courages, en la perseuerance de
la Foy , iusques au dernier souspir de
leur vie. O Combien de tendres Vier-
ges par leur vertu & constance, acqui-
rent de doubles couronnes : combien

encores de meres courageuses, aime-
rent mieux perdre leurs petits & ten-
drelets enfans pour vn temps dans les
suplices des hommes, que les laisser dans
les carresses mondaines, pour estre per-
dus eternellement auec leurs impies
persecuteurs. Bref, qui voudra s'imaginer toutes les inhumanitez Barbares-
ques exercées sur les tendres corps des
pauures Chrestiens, se figure vne troupe de Tigres, de Lyons, de Leopars, &
de Loups, enragez par la faim, entrer
dans vn parc de tendres agneletz, &
voir des dents & des ongles deschirer
cruellement d'vne fureur & impitoya-
ble maniere, ces petits innocens animaux, qui n'ont pour resistance, qu'vn
doux & amoureux béelement animant
à compassion. De decrire en cét endroit
combien de sorte de tourmens on fit
souffrir au troupeau de Iesvs Christ,
il ne se peut, les sept volumes de Surius
& antiens liures de ceux qui ont escrit
les gestes des saints Martyrs, n'en ont
peu dire qu'vne partie: puis n'estant le
sujet de ce discours, nous n'en dirons

aque ce que dessus, pour remarque du
temps, & d'ou procéda la seconde persecution où fust enuelopé saint Nigaise,
duquel nous escriuons l'histoire.

De la venuë de Fescenius Sisinius aux Gaules
pour l'Empereur Domician.

CHAP. XXXV.

POVR des affaires du Gouuernement des Gaules en ces Prouinces, & execution des cruels
Edits de Domicien contre les pauures
Chrestiens, fut par luy enuoyé en cette
contrée, vn Preuost ou Lieutenant
nommé Fescenius Sisinius, lequel outre
qu'il estoit digne seruiteur d'vn si cruel
maistre, encores le surpassoit-il en toute
espece d'inhumanité, pour estre d'hu-
meur estrangement Barbare & sanguinaire : pour auoir peut-estre (comme
lon dit de Neron) alaicté le laict meslé
de sang : ou bien estre possedé interieu-
rement de quelque furie Infernalle. Ar-

riué qu'il fut, & ayant pris nombre de
gens de guerre dans les legions Romai-
nes, alla parcourir les lieux ou il auoit
aduis y auoir des Chrestiens, ausquels
il fist des tourmens innombrables, les
trainans cruellement deuant les Idoles,
pour les forcer à sacrifier, ce que refu-
sans, leur fist souffrir des maux estranges, que ses boutreaux plus méchans
que les Diables, encherissoient sur eux
par des horribles inuentions : Mais la
mort qui en estoit le but, seruoit aux
Fideles d'vne porte asseuré pour entrer
triomphans au Ciel.

Comment Fescenius arriua à Paris, & de
l'emprisonnement & tourmens de
saint Denis.

CHAP. XXXVI.

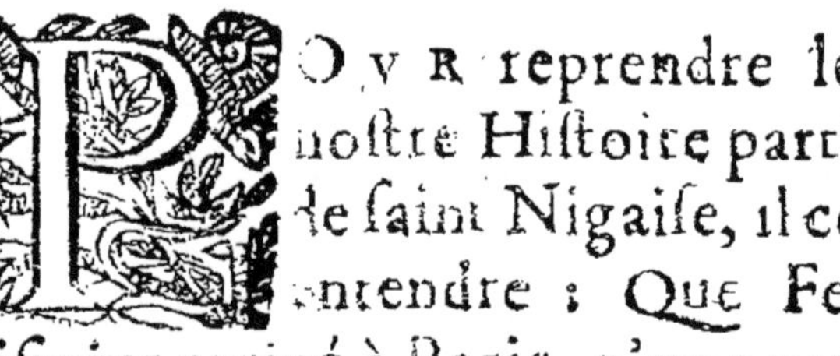

OVR reprendre le fil de
nostre Histoire particuliere
de saint Nigaise, il conuient
entendre : Que Fescenius
Sisinius arriué à Paris, n'eut pas grand
peine a trouuer, le venerable vieillard saint Denis, qui se retiroit en son
petit

petit Oratoire auec ſes deux compagnons ſaint Ruſticq, & ſaint Eleuthere,
où il trauailloit continuellement à la
vigne du Seigneur, perfectionnant par
ſa doctrine les conuertis en la Foy, &
leur faiſant part de ſes celeſtes intelligences, & miſteres Theologiques, qu'il
auoit apris de la bouche de ſaint Paul,
redigez en ſes eſcrits, ainſi qu'auons dit
cy deſſus, il eſtoit lors aagé d'enuiron
quate-vingt dix ans; & Dieu le vouloit
viſiter pour receuoir la glorieuſe re-
compence de tant de trauaux qu'il auoit
ſouferts pour ſon ſeruice, par la couronne d'vne gloire immortelle qui luy
eſtoit preparée. Il fut incontinent apre-
hendé par les ſatelites de Siſinius, qui le
luy men erent lié auec ſes Compagnons,
comme criminels (diſoient-ils) de leze
Majeſté Imperialle, ou apres les interrogats, & perſeuerans en la Foy qu'ils
auoient preſchée de laquelle ils ren-
doient des raiſons ſi emerueillables, que
les Sacrificateurs Idolatres en eſtoient
meſmes eſtonnez, ne ſachans que reſ-
pondre. Mais Siſinius dit au S. vieillard,

H

qu'il ne prenoit pas en payement seulement des paroles, notamment en des
contrauentions faites aux Edicts de
l'Empereur : Et qu'il choisist de deux
choses l'vne, ou d'adorer l'image de
l'Empereur & sacrifier aux Dieux, ou
s'apareiller à receuoir les suplices &
tourmens ordonnez pour les rebelles,
& vne mort tres-cruelle, telle qu'il me-
ritoit pour auoir esté (disoit-il,) le su-
bornateur de tant de gens. A ce dernier
choix, saint Denis & ses deux Compagnons furent tost resolus, pourquoy ils
furent tres-cruellement fustigez, puis
mis en prison : Le lendemain perseue-
rans, on les apliqua au gehennes & tourmens, pour les contraindre à presenter
de l'encens aux Idoles : Et pource que
saint Denis loüoit Dieu hautement, &
exhortoit ses compagnons en la perseuerance, Sisinius le fit mettre sur vn
grilardant, & par apres exposer aux
Lions, qui ne luy voulurent toucher,
puis mettre dans vne fournaise, qui ne
luy nuist aucunement, de sorte que
plusieurs des spectateurs admirans ce

miracles, se conuertirent à la Foy, la
professant hautement ; cause pourquoy
on en mist beaucoup en prison : & les
saints Martyrs pareillement en vn lieu
à Paris, dit a present saint Denis de la
Chartre, qui estoit vne forteresse au
bout du Pont, comme est a present
celle du petit Chastelet : Dans laquelle prison S. Denis celebra la sainte
Messe, où nostre Seigneur luy apparut,
le confortant & encourageant au reste
du combat qui prendroit bien-tost fin:
& de fait ; le lendemain qui estoit le
neufiéme Octobre, on mena saint Denis
& ses deux compagnons deuant l Idole
de Mercure, pour les faire Sacrifier, ou
continuans leur refus, & mesme perseuerance ; on leur trencha les testes, &
incontinent apres le corps de saint Denis se releua miraculeusement, prenant
sa teste entre ses bras, & passant au trauers des bourreaux, & des spectateurs,
chemina vne lieuë, iusques au lieu qu'on
appeloit la voye Catulienne, sans qu'aucun s'y ozast opposer, pour l'effroy ou
ils estoient, de voir cette merueille, qui

leur sembloit chose prodigieuse : aussi
parce que les Anges qui le conduisoient
le preseruoient des empeschemens que
l'on y eust peu faire. Ce dernier Miracle confirma les vacilans à la Foy, dont
vne infinité receurent en ce lieu la couronne du Martyre. Cette passion &
soufrance du venerable vieillard saint
Denis, se voit amplement décrite par
Methodere Autheur Grec, traduite en
Latin par Anastase, Bibliotecquaire de
Rome.

Poursuite de Fescenius Sisinius, contre saint
Nigaise & ses Compagnons, qu'il trouua à
Cany preschant l'Euangile.

CHAP. XXXVII.

LE discours de la vie & de la
mort de saint Denis, ne le
peut separer de cette Histoire de saint Nigaise, pour ce
que ces Sainds hommes ont esté tellement liez des leur naissance, & dans le

cours de la vie, qu'il n'y euſt que deux
iours de ſuruiuance de l'vn l'autre, &
peu d'eſpace pour les lieux du Martyre.
Or parmy les interrogats faits pendant
les tourmens à S. Denis, quels eſtoient
(diſoit-on) ſes Complices: Siſinius ſçeut
ſaint Nigaiſe eſtre l'vn des capitaux,
dont meſmes ces Sacrificateurs d'Idoles
auoient cognoiſſance, pour l'auoir veu
longuement à Paris auec ſaint Denis,
preſcher ce qu'ils apeloient des impo-
ſtures contre leurs beaux Dieux. Pourquoy! Siſinius ſçachant comme ce Saint
homme eſtoit il y auoit peu de temps,
party auec ſes Compagnons, pour aller
vers Roüen, ne ſe voulant fier à aucun
de ſes Capitaines, n'y aux gens de ſes
cohortes: craignant (diſoit-il) quelque
corruption, pour les laiſſer euader, voulut luy-meſme en perſonne aller dili-
gemmēt apres, ſur la crainte qu'il auoit
que la mort de ſaint Denis eſtant di-
uulgée, ils ſe cachaſſent en ſorte qu'il
ne les peuſſent trouuer. Ce fut pourquoy deux iours apres la mort de ſaint
Denis, Siſinius accompagné d'vne

trouppe de Caualerie, fuiuant la pifte ou faint Nigaife auoit paffé , arriua au bourg de Gany, fcitué fur la petite riuiere Depte, à vne demy lieuë au def-fous de la Rocheguyon, où il le trouua auec fes deux compagnons faint Quirin & faint Scuuicule, en vne place où ils prefchoient la parole de Dieu à vn bon nombre d'habitans, qui les efcoutoient atentiuement, lefquels à la veuë de cette troupe de Gendarmerie furuenuë a courfe de cheuaux fi a l'improuifte s'ef-frayerent tellement, qu'ils s'enfuirent la plus part fe cacher dans les bois & marefts voifins : Mais nos Saints com-me rochers immuables , demeurerent conftans & fermes au lieu ou ils eftoiér, fans deplacer potir la fubite venuë de ces hommes fi efchauffez & furieux, comme il paroiffoit en leurs vifages rouges & enflambez.

Interrogatoires de S. Nigaife par Sifinius.

CHAP. XXXVIII.

TELLE fermeté & conftance en ces Saincts hommes, aigrit enco-

res d'auantage Sifinius, qui eftoit à la
tefte de fa compagnie, qui fit que luy
& aucuns des fiens defchargerent à nos
Saints, quelques coups de jauelots
ou longs darts en façon de demy piques
qu'ils portoient pour armes. Parlant
Sifinius en fureur, & difant; eft-ce pas
vous, miferables & perfides trompeurs,
qui eftiez nagueres à Paris auec ce fedu-
cteur Denis (à qui depuis deux iours
i'ay fait par la mort, payer la peine de
ces impoftures,) à feduire & troubler
les peuples par vos mechantes perfua-
fions, tendantes à rebellion, & foufle-
uement contre les Loix & Decrets, ve-
nerés par tout l'Empire Romain? A
quoy S. Nigaife d'vne parole douce &
modefte dit: Nous ne fommes point fe-
ducteurs; mais reducteurs des hommes,
à la cognoiffance de leur Createur; les
conuertiffant à la voye de paix, & de
verité; leur defcouurant les tromperies
du Diable, pour les tirant d'erreurs, les
amener au falut d'vne vie Eternelle.

Comment, dit Sifinius: ceux-cy
auffi-bien que les autres, veulent s'ob-

ſtiner contre les Loix, & noſtre pouuoir: & par de friuoles raiſons, & paroles, nous penſer ſatisfaire, non, non,
ce n'eſt pas ainſi qu'il faut eſchaper l'o-
beiſſãce deuë aux Edits des Empereurs:
ou il faut ſacrifier à nos Dieux, ou mourir tout preſentement: Et à cét inſtant
meſmes, Siſinius fiſt reuenir quelques-
vns de ces pauures gens qui ſe ca-
choient, afin qu'en leur preſence, & de
quelques femmes qui eſtoient demeu-
rées en la place, il exerçaſt les cruautez
qu'il ruminoit en ſon eſprit faire ſouf-
frir aux ſeruiteurs de Dieu: pour donner (celuy ſembloit) vne forte terreur
& crainte à ceux des enuirons. A ce
que s'ils auoient receu d'eux quelque
doctrine, ils l'abandonnaſſent plus ai-
ſément pour la peur des tourmens, &
de ſemblables peines: Et continuant ſon
propos vers les Saincts, que cependant
on lioit & garotoit auec licols de cheuaux & autres cordages; Parlant à ſaint
Nigaiſe, qu'il voyoit comme le chef
des deux autres, luy dit ces mots, ou
ſemblables. Viença fol, & eceruelé
vieilla t,

vieillart, encores veux-ie ſçauoir qui
tu es, & d'ou t'eſt venuë ceſte effrontée
preſomption, ſans auctorité des Con-
ſuls, Tribuns, Preteurs ou Magiſtrats
qui commandent pour l'Empereur en
ces Prouinces : Et meſme ſans l'aduis &
licence des Pontifes & Sacrificateurs,
d'oſer parler, preſcher, & enſeigner choſes de la Religion: & ſous des aparences
hipocrites, ſemer graine de ſedition,
euidemment telle, puis que tes mechantes exortations ne tendent qu'a
renuerſer le Culte de nos Dieux ; choſe
deteſtable, & capable ſi nous le tole-
rions, d'amener ſur nous & ſur nos
Gouuernemens, les vengeances de leur
iuſte couroux.

Reſponſes de ſaint Nigaiſe à Siſinius.
CHAP. XXXIX.

CEs demandes, ſainct
Nigaiſe d'vn eſprit doux
& tranquille comme s'il
n'euſt point eſté lié, ap-
puyé du ſecours d'en-
haut, reſpond. O Siſinius! ton aueu-

I

glement me fait plus de pitié , que la
mort,& tous les tourmens dont tu nous
menaces ne me donnent d'aprehention:
Nos foufrances nous font aggreables,
pour imiter noftre Maiftre IESVS
CHRIST ; lequel a voulu patir en vne
Croix , pour le falut des hommes : s'a-
tisfaifant à la Iuftice offencée par la
tranfgreffion du premier homme enuers fon Createur, ce grand Dieu in-
fcrutable. Mais ton erreur , ô Sifinius!
abaiffe ton efprit à adorer la terre,& le
bois, dont l'artifan euft auffi-toft fait la
figure d'vn chien , que d'vn homme:
ces Deïtez de troncs in-animez,qui ne
parlent que par l'organe & le foufle des
Diables,& à double fens, pour plus t'a-
bufer. Si tu veux fçauoir qu'elle eft noftre Foy nous te la dirons, & confeffe-
rons ingenuëment. Nous croyons vn
feul Dieu en trois perfonnes, Pere, Fils
& fainct Efprit ; Qui font vne mefme
fubftance indiuifible, efgaux, & d'vne
puiffance non diftincte , ny feparée.
Pareillement,que le Fils la feconde perfonne,eft engendré du Pere (fans mere)

de toute eternité, & auant tout temps;
lequel pour le salut du genre humain,
s'est Incarné, & fait Homme, naissant
de la vierge Marie en Iudée. A souffert
mort en vne Croix, est Resuscité par sa
propre vertu & puissance; Est monté
au Ciel à la dextre de son Pere, d'où il
viendra iuger les vifs & les morts, apres
la consommation du monde; Et la re-
surrection generale de tous les humains.

Continuation des responses de saint Nigaise,
où il confondit Sisinius d'Idolatrie.

CHAP. XL.

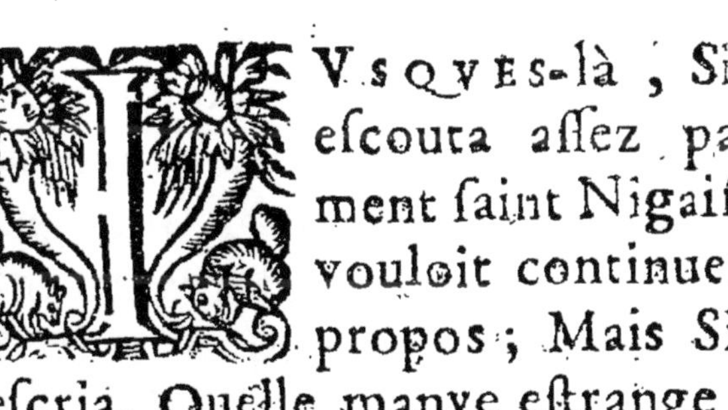

VSQVES-là, Sisinius escouta assez patiem-
ment saint Nigaise, qui vouloit continuer son
propos; Mais Sisinius s'escria. Quelle manye estrange voilà;
ie croy que ces hommes ont perdu tout iugement, & ne sçay ou ils ont puisé
ces resueries de Resurrections; voila les

mefmes rapſodies de cét autre vieil
fol à Paris. Quoy, pauures gens, pen-
fez vous nous faire acroire telles im-
pertinentes fotifes, auec des Deïtez
inuifibles, au prix de nos Dieux immor-
tels, grands & puiſſans, par leſquels
toute la machine du monde eſt gouuer-
née, & conduite. Que dites-vous de Sa-
turne, Iupiter, Mars, Mercure, Pluton,
Minerue, Venus, Diane, & des autres
qui font adorez par toute la terre habi-
table, qui font les protecteurs de l'Empire Romain; à l'aide & faueur deſquels
nous auons conquis, & ſubiugé tant de
Royaumes & Prouinces; & à nous rendu tant de nations tributaires? O que
bien plus grand encor (reſpond ſaint
Nigaiſe) eſt ton aueuglement; Combien plus grandes font les tenebres de
ton entendement. Helas! ſi tu cognoiſ-
fois ces Deïtez que tu adores, tu chan-
gerois bien-toſt d'opinion; Car ton Sa-
turne ne fut autre qu'vn ſimple homme
mortel, & lequel pour quelques inuentions qu'il trouua à l'agriculture, les
Ruſtiques ignares l'eſtimerent quelqu

Diuinité : Iupiter ne fut autre qu'vn
meschant adultere : Mars vn rauiſſant
Soldat : Mercure vn Laron : Minerue vne
chimere Pœtique : & ta Venus vne vi-
laine impudique : Bref, des ombrages
qui ont ſeruy aux Diables pour abuſer
les hommes. A ces paroles, Siſinius
s'eſcria derechef diſant. Comment mi-
ſerable, ainſi blaſphemer contre nos
Dieux, c'eſt trop d'effronterie, au lieu
d'y porter les Sacrifices & fumigations,
que leur grandeur merite, proferer telles execrables & deteſtables paroles
contre leurs diuinitez tant reuerées?
ſus, ſus, promptement, il leur faut ployer le genoüil & les adorer, ſinon ;
paſſer par la rigueur de l'Edit Imperial.
C'eſt ce que moy, & mes Compagnons
ſeruiteurs de IESVS CHRIST, ne
ferons iamais (dit ſaint Nigaiſe) ains
mourrions pluſtoſt mille fois, ſi nous
en eſtions capables ; & ce que tu nous
menaſſes eſt le plus grand heur qui nous
puiſſe arriuer, que ſuiure en ce monde
les veſtiges de noſtre Sauueur, pour
participer à ſa gloire que nous eſpe-

I 3

rons. Et quand a ce que tu nous appelles seditieux, sçaches, que tout ce que nous auons presché aux peuples depuis nostre partement de Grece dans l'Italie, & parmy ces contrées des Gaules, n'a point esté pour contrarier ciuilement, & temporellement aux Empereurs: Au contraire, suiuant les preceptes Euangeliques, auons enseigné par tout l'obeissance aux puissances Superieures, estre de droict Diuin ; sans consideration de bons ou mauuais Princes: exerce donc sur nos corps, ja cassez de vieillesse, & atenuez de fatigues, ce qu'il te plaira : car nous ne Sacrifierons point, & ne contaminerons point nos ames, pour des respects humains.

Comment Sisinius fit mourir sainct Nigaise & ses deux Compagnons.

CHAP. XLI.

APRES que S. Nigaise eut acheué les paroles deuant dites, Sisinius

pensant par l'exemple de saint Denis &
autres, que les tourmens ne leur feroiēt
pas changer leurs resolutions : Commanda à ses gens les mettre a mort. Lors
les seruiteurs de Dieu se mettans à genoux prians Dieu prendre en sa saincte
protection les nouueaux conuertis à la
Foy; & pardonner leur mort à ces meur-
triers, n'ayans loisir faire plus longue
priere : les Soldats leur couperent les
testes, & voulut encores Sisinius, que
leurs corps fussent portez aux champs,
pour estre deuorez des oiseaux, & des
bestes, deffendant sur peine de mort à
ces pauures habitans , de les inhumer.
Ainsi finirent heureusement leurs vies S.
Nigaise, saint Quirin, & saint Scuuicule, dont les ames bien-heureuses vo-
lerent au Ciel , receuoir la Couronne
qu'ils auoient acquise par leur sang au
Martyre ; en trauaillant courageuse-
ment pour la Foy Chrestienne. Cecy
aduint le traiziéme Octobre, deux iours
apres le Martyre de saint Denis , l'an
nonante sept de l'Incarnation de nostre Sauueur, & le soixante trois, apres

I 4

sa Paßion, sous l'Empire de Trajan
(ainsi qu'on l'estime,) parce que Domician ayant receu le iuste loyer de ses
méchancetez, auoit esté assaciné : &
Nerua, qui fut son successeur dura peu,
& mesme si-tost qu'il fut paruenu à
l'Empire, il adopta Trajan qu'il fist Tri-
bun; & l'on compta le commencement
de son Empire dés son adoption & tri-
bunat, selon que dit Onofrius : & est
mesme raporté par Dion, & Ælius
Spartianus Historiens, lequel Trajan,
ny Nerua, n'auoient reuoqué les Edits
de Domicien contre les Chrestiens, ny
mesmes destitué aucuns Officiers de
l'Empire, pour n'esmouuoir des trou-
bles aux Prouinces : pourquoy ce Fescenius Sisinius enuoyé par Domician,
continuoit sa charge aux Gaules.

Comment le corps de S. Nigaise, & ses compa-
gnons se releuerent Miraculeusement.

CHAP. XLIIII.

ETTE cruelle action contre
les saincts Martirs acheuée,
Sisinius sans s'arrester passa

chemin, alla vers Roüen ou ailleurs
aux contrées de son gouuernement, s'a-
taquer aux brebis du Seigneur, desti-
tuées de leur Pasteur, & en fist mourir
vn grand nombre dont ne faisons mention: Mais seulement pour acheuer de
saint Nigaise & ses Compagnons. Il
aduint Miraculeusement, que la nuict
mesmes apres leur Martyre, leurs corps
à l'aide des Anges se releuerent comme
auoit fait celuy de saint Denis ; & prenans leurs testes, partirent du lieu ou
ils gisoient, & ou ils auoient esté mis
pour proye aux animaux carnassiers,
passerent la riuiere Depte, en vn Gué
qui estoit lors incognu, & vindrent en
vne petite Isle fort agreable, ou ils re-
poserent : Depuis ce temps là , ce passage a esté tous jours nommé le Gué S.
Nigaise, & tel s'appele encores a present.

*Sepulchre & Oratoire basty par saincte Pience
pour les saincts Martyrs.*

CHAP. XLIII.

A bonne saincte Pience estant aduertie de la mort de ces SS. & de cette merueille arriuée en leurs corps, partit incontinent de sa maison, & alla auec saint Cler & autres ses domestiques, accompagnez de beaucoup de ceux qui auoient esté par eux conuertis à la Foy, iusques au lieu ou les corps Saincts s'estoient arrestez. Arriuez, on peut croire combien de regrets & de larmes espancherent ces deuotes personnes, au cœurs desquels vnis en Dieu la charité Chrestienne estoit ja emprainte, & combien de soupirs sortoient de leurs tristes poictrines, pour la perte qu'ils auoient faite de leurs Consolateurs. Or cette Ste. Dame eust grand desir de les faire emporter en son lieu de la Rocheguyon:

Mais elle, & les assistans considerans
que la transposition des saincts Corps
n'auoit esté faite sans quelque particuliere & diuine prouidence : & qu'ils
auoient eux-mesmes choisi leur sepulchre en ce lieu, pour y estre posez en
plus grand honneur, & mieux conseruez qu'en autre lieu, se resolurent les
inhumer en la mesme place, dont l'heritage apartenoit à cette sainte Dame.
Ce qu'ayant fait, elle fist edifier vn petit Oratoire ou Chapelle pour couurir
leurs Sepulchres, laquelle à succession
de temps s'acreust par la deuotion des
habitans, pour les Miracles qui se faisoient souuent audit lieu, en la gari-
son des maladies de ceux qui auec bonne confiance en la misericorde de Dieu,
esperoient aux prieres des saints Martyrs de IESVS CHRIST.

Martyre de saincte Pience.
CHAP. XLIIII.

COMME la persecution continuoit
funestement, tant contre les Chefs
qui auoient annoncé l'Euangile, que

contre ceux qui l'auoient receuë, &
specialement contre les plus releuez en
puiſſance & grandeur temporelle, pour
ſeruir d'exemple & terreur aux plus petits. Le pere de ſaincte Pience qui eſtoit
vn puiſſant Seigneur de la contrée, &
accompagnoit Siſinius aux affaires de ſa
charge, aduerty par quelques malheureux & enragez Sacrificateurs des Idoles, de la Conuerſion de ſa fille à la Foy
Chreſtienne, enuoya vne trouppe des
gens de Siſinius vers elle pour s'en en-
querir: Auec charge, que s'il eſtoit ainſi,
qu'ils la fiſſent mourir incontinent: Ce
qu'il fiſt, incité & pouſſé, tant par vne
haine violente qu'il portoit au Chri-
ſtianiſme, que pour ſe monſtrer grand
zelateur des Edits imperiaux : Prefe-
rant ce malheureux Pere, quelque in-
thereſt du monde, à ſon propre ſang.
Ces gens donc eſtans arriuez vers la
ſaincte Dame Pience, elle leur dit franchement ſa Croyance, & ce qu'elle tenoit de la Foy Chreſtienne, en laquelle
elle proteſtoit vouloir viure & mourir,
pourquoy ces bourreaux luy trenche-

rent la teste, comme aussi à saint Cler
& à quelques autres, qui voyans la constance de leur bonne Dame, s'adjoigni-
rent à la couronne de son Martyre,
qu'elle souffrit constamment pour l'a
mour de IESVS CHRIST.

Comme par le vouloir de Dieu , les Sepulchres
des saints Martyrs furent conseruez
plusieurs années.

CHAP. XLV.

CETTE Ste. Dame Pience
depuis la mort des bien-
heureux Martyrs S. Nigaise
& ses Compagnons, alloit
presque tous les iours visiter leurs sepulchres, & y faire ses prieres à Dieu;
& comme inspirée de quelque reuela-
tion du Ciel qu'elle deuoit bien-tost
les suiure, pria tous ses seruiteurs, qu'a-
pres sa mort, on portast son corps aupres de ceux des saints Martyrs. Son desir fut effectué : Car apres qu'elle eust

LA VIE DE SANT NIGAISE.

souffert, auſſi le Martyre, ſes domeſti-
ques accomplirent ſon ordonnance.
Ces ſainɛts Martyrs meriterent tant
enuers Dieu, qu'il euſt vn ſoin particulier de leurs ſaints Corps , leſquels
demeurerent en ce lieu vne tres-longue
eſpace de temps, ſçauoir enuiron cinq
cens ans, ſans receuoir aucune violen-
ce, nonobſtant toutes les ſanglantes, &
cruelles perſecutions, qui durerent par
longs ſiecles contre les Chreſtiens, ou
la barbarie des tirans & bourreaux, ne
pardonnoit non plus aux ſepulchres des
morts, qu'au corps viuans des fideles:
& ceux-cy parmy toute cette cruelle
rage, firent paroiſtre combien la mort
des Sainɛts eſt pretieuſe deuant Dieu, en
la conſeruation de leurs ſainɛtes Reliques. Nous dirons cy apres, comme ils
furent tranſlatez , & pluſieurs Miracles
aduenus par l'interceſſion de ces quatre
ſaints Martyrs : Leſquels nous prions
de tout noſtre cœur , eſtre pour nous
Mediateurs, & Interceſſeurs , enuers
celuy qui vit & Regne par tous les ſiecles des ſiecles.

SECONDE PARTIE

CONTENANT LA TRANSLA-
tion des Reliques des Martyrs, saint
Nigaise, saint Quirin, S. Scuuiculle,
& Ste. Pience : leurs Miracles : Et la
fondation du Prieuré de saint Nigaise
au fort de Meulent, où ils reposent.

---

*Pourquoy cette seconde partye meslangée de
choses Stes. & historiales.*

CHAP. XLVI.

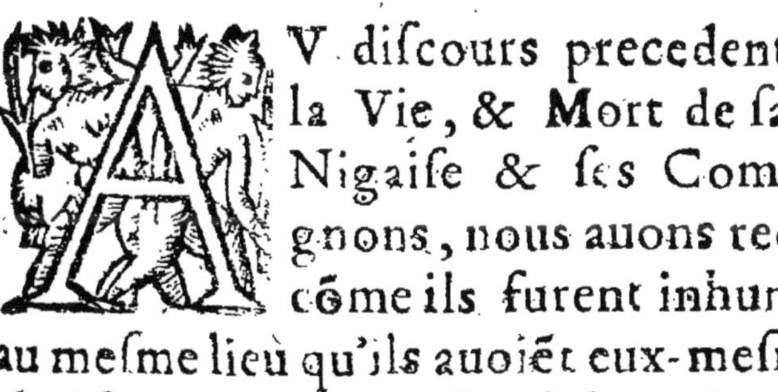

AV discours precedent de
la Vie, & Mort de saint
Nigaise & ses Compa-
gnons, nous auons recité
côme ils furent inhumez
au mesme lieu qu'ils auoiét eux-mesmes
choisi, & comme ces sepulchres demeurerent sans estre rompus, ny endomma-

gés ; Dieu en oſtant le vouloir, ou bien
le pouuoir aux cruels perſecuteurs des
Chreſtiens : faiſant par ſa prouidence,
qu'ils demeurerent cachez à leur cõ-
noiſſáce. En ce preſent diſcours, no⁹ dirons cõme les choſes ſont aduenuës par
la ſuitte des temps ſur le meſme ſujet,
ſelon qu'auons peu recueillir de quelques Hiſtoires, des antiens manuſcrits,
& tiltres qu'auons iuſques a preſent peu
recouurer, nous en manquant vn grand
nombre, dont ils font induction en forme de petit Inuentaire, que le temps, la
negligence, ou ignorance de ceux entre
les mains deſquels ils ont eſté, a laiſſé
perdre : Et pour le regard de ce preſent
diſcours, nous euſſions bien voulu le
diuiſer en deux parties, l'vne des choſes
ſainctes comme cette tranſlation, & les
Miracles. Et en l'autre, de la fondation
du Prieuré, ſes Droicts, & Priuileges
qui appartiennent ſeulement à l'Hiſtoi-
re : Mais ces deux parties eſtant comme
enchainées par la ſuitte des années auſ-
quelles les choſes ſont aduenuës, ne ſe
pouuoit eſcrire ſeparément ſans vne re-
petition

petition ennuyeuse: c'est pourquoi nous
auons mieux aimé les laiſſer ainſi meſ-
langées, conſideré que telle diuerſité eſt
meſme plus agreable à la lecture.

En quel temps ceſſa la perſecution, & que
lon batiſt auec liberté les Egliſes.

CHAP. XLVII.

L'EGLISE de Dieu demeu-
ra dans les perſecutions l'eſpace de trois cens ans , &
iuſques a ce que Conſtantin
le grand paruenu à l'Empire, deffendit
la recherche des Chreſtiens ; & peu
apres en ayant luy-meſme pris le Caractere par les mains de ſaint Siluestre
Pape, enuiron l'an de ſalut, trois cens
quatorze: Il commença à faire baſtir
des Egliſes à Rome , & en pluſieurs
lieux ; & permit d'en edifier par tout
l'Empire , ce que l'on fit auec grand
courage & ferueur , ſpeciallement en
France, les plus antiennes Egliſes de laquelle furent baſties de ce temps : Au

K.

quel mesmes nous presumons qu'en ce lieu mesme de Gany , les fideles qui honoroient auec tant d'ardeur les sepulchres de saint Nigaise & ses Compagnons, comme ayans esté leurs premiers Apostres, y edifierent vne Eglise en leur honneur, enuiron deux cens vingt ans apres leur Martyre.

Premiere translation des Reliques des Martyrs saint Nigaise & ses Compagnons par saint Oüen.

CHAP. XLVIII.

L est notoire, que cette petite Eglise bastie en l'honneur des saints Martyrs, dura en cét estat vne longue espace d'années , & iusques au temps de Dagobert Roy de France, qui commença à regner l'an six cens soixante & deux : sous lequel viuoit saint Oüen qui estoit son Chancelier, & fut fait & sacré Archeuesque de Roüen, l'an six cens quarante six , lequel ampli

fia tellement l'Abbaye de faint Pierre
faint Paul dans Roüen, commencée par
Clotaire Roy de France, que depuis le
deceds du mefme faint Oüen, fon corps
y eftant porté, elle en a pris fon nom.
En ce temps, ce grand & faint perfon-
nage faint Oüen, meu du zele d'hon-
norer, la memoire du premier Archeuefque de Roüen, dont il portoit le
tiltre : & pour l'occafion mefmes de
quelques recens Miracles aduenus audit
lieu de Gany, par les merites des bien-
heureux Martyrs faint Nigaife & fes
compagnons faint Quirin, & faint Scuuiculle, & de faincte Pience. Par la con-
ceffion & fecours de celuy qui pour
lors eftoit Seigneur de la Rocheguyon,
& de Gany ; il fift audit lieu de Gany
conftruire vn Prieuré, ou il enuoya des
Religieux d'icelle Abbaye, & comme il
fut curieux d'honorer cette Abbaye de
chofes pretieufes ; il y fift tranfporter
quelque partie des offemens de ce faint
corps. Et encor pour d'auantage efle-
uer la memoire de faint Nigaife, dedia
vne Eglife en fon nom dans la ville de

Roüen, qui est a present vne grande
paroisse, où il delaissa deux ossemens
du mesme saint, qui y sont encores de
present.

De quelques Reliques de sainĉte Pience mises
à saint Cande le vieil dans Roüen.

CHAP. XLVIIII.

AV mesme temps estoit Euesque
de Lysieux, vn notable person-
nage, issu de la maison des Seigneurs de la Rocheguyon, descendus
du lignage de Ste. Pience, jadis Dame
dudit lieu; auquel saint Oüen fist part
de quelques ossemens de cette Sainĉte,
lesquels, auec quelques autres Reliques
qu'il auoit, comme vne Ceinture & ouurages il mist en la chapelle de son
Palais dans Roüen, dite saint Cande le
vieil, qui de present est Chanoinie, &
Paroisse, en laquelle Messieurs les Chanoines font encore feste solemnelle de
Sainte Pience de laquelle ils ont vne

fort belle image dans le cœur de leur
Eglife ; & gardent encores en vne
antienne caffe cette Ceinture & ouurages que nous auons veus:& nous ont dit
lefdits Sieurs Chanoines , que par les
prieres de fainte Pience , en l'aplica-
tion qui fe fait ordinairement fur les
femmes enceintes ; de cette Ceinture,
il fe fait bien fouuent des Miracles , en
l'heureufe deliurance de leur fruict. Et
pour les offemens qu'ils auoiët de cette
Saincte dont eft fait mention (comme
de leurs autres Reliquaires , & Preuileges) en vne lettre autentique qu'ils
ont , ils furent auec leurfdites autres
reliques bruflez , au cruel rauage que
firent les Heretiques, l'an mil cinq cens
foixante & deux , à la prife de la ville de
Roüen. Et de cette mefme Ste. Pience,
vn vilage pres Auranches en a tiré fon
nom , comme eftant lors de fon viuant
fon heritage. Ce qui femble auoir fait
prefupofer au Sieur Dadré , en fa Cro-
nologie des Archenefques de Roüen,
que les Reliques deSte. Pience repofent
à Auranche, ce qui eft contredit par Fr.

Nicolas Taillepied en son liure des Antiquitez de Roüen ou il asseure ce saint
corps ou la plus part d'iceluy, auec cel-
luy de **S.** Nigaise & ses compagnons reposer audit Meulent, & y pouuons adjouster nostre asseurance, comme tes-
moing oculaire, & gardien d'iceux.

De la memoire de saint Nigaise, obseruée dans
l'Abbaye saint Oüen.

CHAP. L.

V viuant de saint Oüen, &
depuis encores iusques a
present, il est tousiours
demeuré en son Eglise, vne
fort honorable memoire
de S. Nigaise & de ses Compagnons, de
sorte mesme que Messieurs les Religieux en font feste triple, fort solénelle,
l'vnziesme d'Octobre, auec Office, &
Leçons propres; contenans leur Vie, &
Martyre, dont ils nous ont fait part,
pour l'esclarcissement de ce qui nous

manquoit : Et de plus dans leur cœur
au haut, contre l'vn des pilliers, y a vne
grand Image de saint Nigaise, taillée en
relief, bien peinte & d'orée ; comme
aussi par bas, aux deux costez du grand
Autel, sont les Images de saint Quirin,
& de saint Scuuicule : Et outre, contre
la Sacristie y a vne Chapelle dediée au
nom du mesme saint Nigaise.

De la descente de Hastene, ses rauages : Et
ce qu'il aduint des Reliques de
saint Nigaise.

CHAP. LI.

CE qui resta à Gany des corps
saincts, sçauoir la plus grande partie desdites Reliques,
y demeura depuis le temps de
saint Oüen, encor deux cens ans ou enuiron, iusques en l'an huict cens quarante deux ; Lors que Hastenc conduisant vne grande armée naualle de Normands, Infideles & Idolatres, sortis

du pays de Danemarc, vint pirater, &
courir les Mers de deça : puis descendus
à terre, rauager la Flandre & Picardie,
& r'entrans en mer, aborder les costes
de l'embouchcure de Seine ; ou remon-
tans firent d'estranges desolations : car
ils pillerent, bruslerent, & ruinerent
les Eglises, Abbayes, & Monasteres de
Iumieges, saint Vandrille ; entrerent
dans Roüen, & y firent mille maux, &
passans outre, monterent iusques à
Paris, rauagerent l'Abaye saint Denis,
de saint Germain des Prez, & de sainte
Geneuiefue, qui estoit lors hors les
murs, comme ils firent plusieurs autres
lieux, ou ils exercerent d'estranges
cruautez & maux innumerables. Pour
la crainte desquels Barbares auant leur
descente par la Seine, sur le bruit des
rauages qu'ils faisoient à leur descente
en Flandre, & Picardie, comme quelque temps au parauant semblables gês
auoient fait aux pays de Bretagne &
d'Aquitaine : Les Religieux de S. Oüen
s'enfuirent, emportans le corps de saint
Oüen, & ce qu'ils auoient de saint Nigaise

gaife, comme auſſi toutes leurs autres
ſainctes Reliques, en vn Prieuré nommé Condé, qui eſt de leur dependance,
où ils furent quelque temps : Et de la
tranſportez en vn autre Monaſtere de
leur Ordre, nommé Meſmontier en
Picardie. Puis apres en Loraine en vne
autre leur maiſon, nommée le val aux
Moines, en laquelle ils repoſerent iuſques au temps de Henry premier du
nom, Roy de France, de Robert Duc de
Normandie fils de Richard, de Robert
Archeueſque de Roüen, & que Henry
eſtoit Abbé de ſaint Oüen, qui fut en
l'an mil trois cens deux, en laquelle année ces ſainctes Reliques furent r'aportées, & remiſes en cette Egliſe ſainct
Oüen, auec vne tres-grande & ſolemnelle magnificence, & y ont demeuré
iuſques en l'an mil cinq cens ſoixante
deux, qu'ils furent bruſlez par les Heretiques à la priſe & rauage de Roüen:
Et au regard des principaux oſſemens
des corps de ſaint Nigaiſe, ſaint Quirin, ſaint Scuuicule, & ſainte Pience
qui eſtoient audit lieu de Gany, lors de

L

la venuë de ce Hastenc, l'an huict cens
quarante deux, Le Comte de Meulent
qui estoit par le moyen de sa femme
Seigneur de la Rocheguyon, Gany, &
plusieurs autres lieux és enuirons, les
fist aporter en sa ville de Meulent, &
deposer en la petite Eglise nostre Dame
de l'Isle, le lieu & assiette de laquelle n'auoit autre fortification, que sa
naturelle scituation : n'y ayant aucuns
ponts ny remparts, ce que fist ledit
Comte, preuoyant ce lieu ne pouuoit
estre rauagé par ces Barbares, qui ne
faisoient que passer pays comme vn to-
rent : Et que les Cabanes des pescheurs
dont cette Isle estoit seulement habitée
ne pouuoient estre gueres enuiées. Et
aduint miraculeusement, que par les
merites des saincts Martirs, la ville de
Meulent fut lors côseruée des attaques
& pilleries de ces Barbares, qui rode-
rent es enuirons, pour monter vers
Paris.

*D'autre defcente de Normands conduicts par
Rollo, qui fut premier de fa nation
Duc de Normandie.*

CHAP. LII.

NVIRON quarante quatre
ans apres ces calamitez aduenuës par les courfes de ce
Haftenc, l'an huict cens quatre vingt faize, felon Albert Crantz,
qui a efcrit l'Hiftoire de Danemarc,
vint encores en France vn autre Capitaine Normand appelé Rollo, autrement
Raoul, non cruel comme le precedent,
ains feulement cherchant pays a con-
quefter pour s'habituer luy & fes gens:
lequel prenant la mefme route de Haftenc, entra par la riuiere de Seine fans
faire aucun rauage, reduit la ville de
Roüen en fon pouuoir, faute de fecours,
pour la negligence de Charles furnom-
mé le fimple, lors Roy de France, &
foibleffe du Royaume, n'eftant lors le

Roy plainement souuerain des Prouinces comme apresent : Ains chacun Duc,
Prince ou Comte, possedoit son pays
comme par souueraineté, sous simple
hômage au Roy. Apres plusieurs guerres qu'eust ce Rollo contre les Comtes
de Bloys, de Bretagne, de Chartres, puis
contre le Roy, & les Princes François
voulans resister, il gagna sur eux vne
bataille proche Meulent : Ce qui obligea
le Roy a traicter accord auec luy enuiron l'an neuf cens douze. Et s'estant
Rollo fait Chrestien à la persuasion de
Franco Archeuesque de Roüen, le Roy
luy bailla Gilles sa fille en Mariage ; luy
luissant la terre de Neustrie, dite depuis
Normandie (qu'il auoit ja conquise) à
tiltre de Duché, sous la seule homma-
ge du Roy : Cela fit que Raoul re-
staura, & repara toutes les Eglises, que
le cruel Hastenc auoit destruites ; & en
edifia beaucoup d'autres dont fait mention la Cronique de Normandie, qui dit
que ce fut à sa poursuitte, que le corps
saint Oüen, & les autres Reliques qui
auoient esté portez en Lorraine, furent

rendus par le Roy de France, & repor-
tés à Roüen, en l'an neuf cens dix
sept, ce qui côtrarieroit aux Manuscrits
de saint Oüen desquels nous auons parlé : Mais il à peu arriuer qu'ils ont esté
portez, & raportez en diuers temps,
selon l'occasion des guerres dont en ces
temps là la France se trouua grandement affligée.

---

*Comment le Chef de saint Nigaise, & quelque
partie des Reliques demeurerent à Gany.*

CHAP. LIII.

L A haste qu'eust le Comté
de Meulent ou ses gens, en
enleuant de son village de
Gany les sainctes Reliques
des Martyrs saint Nigaise
& ses Compagnons, pource que ces
Barbares estoient proches, ou bien par
quelque permission diuine fist qu'il y en
demeura en vn certain endroict quelque
petite partie, & entr'autres le chef saint

Nigaise, & des offemens des autres
que quelques payfans du lieu cachérent
apres en quelque lieu fecret, & celles
qui furent aportées à Meulent y demeurerent en tres-grande veneration; pour
le grand nombre de Miracles qui s'y
faifoient fort fouuent. Ce qui incita
quelque temps apres vn autre Comte de
Meulent nommé Robert, de faire baftir
& conftruire le petit pont, entre la ville
& l'Ifle, pour aller plus facilement de
fon Chafteau, qui eftoit au haut de la
ville fur le roc, en l'Eglife noftre Dame
de l'Ifle, en laquelle repofoient ces SS.
Corps: & pour faciliter le paffage du
peuple en leurs deuotions vers les faints
Martyrs, par lefquels leurs anceftres
auoiét receu la Foy Chreftienne, & par
mefme moyen fift clorre & fortifier l'Ifle, qui fut appellée l'Ifle faint Nigaife.

En quel temps viuoit Robert Comte de Meulent,
qui fift clorre l'Ifle S. Nigaife, & de
fes defcendans.

CHAP. LIIII.

LA Cronique de Normandie folio quarante neuf, aprend que ce Robert Comte de Meulent vruoit enuiron l'an neuf cens quatre vingt faize, & auoit vne seule fille nommée Edeline, mariée quelque temps auparauant à Hugues de Mont-fort en Normandie, quatriesme du nom, qui n'estoit pas de ceux de Mont-fort Lamoury, ainsi que remarque Dutillet, folio soixante & neuf, & le nomme Hugues de Ganz, pour estre fils de Gilbert de Gauz (que cette Cronique de Normandie dit de Gand) lequel ayant espouzé l'heritiere de la maison de Mont-fort en Normandie, en auoit pris le nom, qu'il laissa audit Hugues son fils, lequel en cas semblable espousant cette Edeline heritiere du Côté de Meulent, il en prit le nom.

Or de ce Mariage issit Robert II. du nom Comte de Meulent, & autres enfans, lequel Robert ne vescut longuement, & luy succeda Valeran premier de nom son frere, qui auoit vn autre frere nommé Hugues, qui nonobstant

que Valeran euſt enfans, comme nous
dirons, fut Comte ſa vie durant, apres
le deceds diceluy Valeran. Ce qui fait
croire que ce ſecond Robert ne veſcut
gueres, & qu'en l'an Mil dix-ſept,
ſelon ladite Cronique folio 53. Confirmée par Vigner en ſa Bibliotecque Hi-
ſtoriale ſous cét an. Ce Valeran (qui eſt
dit Comte de Meulent) aſſiſta Eudes
Comte de Bloys, en la guerre qu'il euſt
contre le tiers Richard Duc de Normandie; & ſur luy aſſiegerent Tillieres
pres Dreux: Et le meſme Valeran au
dire de Vigner, en l'an 1040. aſſiſta encores Eſtienne Comte de Troye, &
Thibaut Comte de Chartres en vne
autre guerre contre le Roy de France
Henry premier, pourquoy apres que le
Roy euſt vaincu ces Comtes de Troye,
& de Chartres il alla contre Valeran, &
le deſpoüilla de ſa terre, qu'il reünit à
ſon Domaine. Nicole Gilles, aux Annalles de France, cotte ladite Reünion,
l'an 1041. Ce que Maiſtre Iean Dutillet
Eueſque de Meaux, en ſa petite Cronique abregée aprouue: laquelle reünion

il est aussi de consequence necessaire
auoir esté par quelque pacification peu
apres anulée, pource que le mesme
Valeran nommé Comte de Meulent en
l'an 1060. assista ce mesme Henry Roy
de France, en vne bataille donnée à la
chaussée de Varauille en Normandie,
contre Guillaume le Batard Duc de
Normandie, ou ledit Valeran fut prisonnier du Normand, ainsi que recite
ladite Cronique de Normandie fol. 90.
Et encor parce que ce Valeran deux ans
apres bastit l'Eglise & Prieuré saint Nigaise à Meulent ainsi que nous dirons.

*Suitte de la Genealogie des Comtes
de Meulent.*

CHAP. LV.

PENDANT que nous sommes
sur ces Genealogies, il vaut
mieux en dire icy ce que nous
en auons apris, qui seruira grandement
pour entendre la fondation & biens

DES RELIQVES

donnez audit Prieuré, auec ses Preuileges. Or ladite Cronique f. 45. & 68.
nous aprend que ce Valeran premier du
nom, n'eust pour enfans (ainsi qu'audit
eu son ayeul maternel Robert) qu'vne
seule fi le nommée Heleine, qu'il maria
l'an 1049. ou 1050. à Roger (qu'en
autres endroicts est surnommé de Veul-
les, & à la Barbe) Comté de Beaumont
en Normandie, dont sortit deux enfans
Robert, & Henry. Robert troisiesme
du nom fut Comte de Meulent, & de
Beaumont, dit Beaumont le Roger, a
cause de Roger son pere qui le fist bastir,
& neantmoins ne posseda la Comté de
Meulent qu'apres la mort de Hugues
son grand oncle, frere de Valeran son
ayeul maternel, lequel en iouist sa vie
durant comme nous auons dit au raport
de cette Cronique, & que nous pouuós
iustifier par letres autentiques, dont
parlerons cy apres. Ce Robert, au dire
de Dutillet f. 73. espouza Elizabeth de
Vermandois, l'vne des filles de Hugues
le grand (ainsi nommé a cause de sa stature) troisiesme fils de Henry premier

du nom Roy de France, & d'elle euſt
deux fils iumeaux, l'aiſné nommé Valeran qui fut ſecond du nom Comte de
Meulent, & l'autre euſt nom Robert.
Ce Valeran ſecond, eſpouza vne fille
Damaulry ſecond du nom Comte de
Mont-fort dit Lamaulry, lequel eſtoit
ſelon Dutillet f. 69. fils de Simon, & ce
Simon fils du premier Amaulry fils de
Robert Roy de France (legitime ſelon
que dit Paul Emile f. 92. l. 3. Mais pluſtoſt batard ſelon les raiſons de Dutillet) lequel en ſa faueur erigea Mon-fort
en Comté, & le fiſt fermer de Murail-
les ; Et de cette fille de Mont-fort Val-
leran deuxieſme euſt Robert Comte de
Meulent, qui fut quatriéme du nom
(dont font mention deux de nos tiltres,
dattez de 1204. & 1208.) duquel y a eu
Galeran (qu'vne lettre dit ſon premier
nay) & vn autre fils nommé Pierre de
Meulent, duquel, parle Vigner, en l'an
1203. où il dit que ce Pierre quita le
Roy d'Angleterre, pour ſe joindre à
Philippes Roy de France. Robert frere
iumeau, & puiſné de Valeran, fut Com-

te Clocefte ou d'Inceftre en Angleterre,
apres la conquefte qu'en fift Guillaume
le batard Duc de Normandie qu'il affi-
ftoit, luy donnant Amicicie, vefue du
Comte de l'Inceftre, mort en la bataille, de laquelle il n'euft enfans; & d'icelle
Amicicie nous auôns Donation, dont
nous parlerons. Et apres fa mort, ce
Robert efpoufa Marguerite, feulle heritiere de la maifon de Breteuil, & Bri-
ofne en Normandie, dont il euft Robert Comte de l'Inceftre, apres fon pere
qui mourut fans enfans, Robert Archeuefque de faint André en Efcoffe,
Amicicie qui fut leur heritiere, mariée
à Simon deuxiefme du nom Comte de
Mont-fort Lamaury, & vn autre fille
mariée à Meffire Eftienne de Quincy,
ainfi que cotte du Tillet, au recit de la
lignée de ceux de Mont-fort Lamaury,
folio 69. Cecy eft la defcente de Robert
Comte de Meulent, fils Aifné de Roger de Beaumôt. Et au regard de Henry
fon fecond fils, il alla auec fon pere Roger en la fuitte de Guillaume le batard,
à la conquefte d'Angleterre, & en fa-

ueur de son pere, obtint la Comté de
Varüic, dont les descendans sont pos-
sesseurs.

De la cause, & du temps de la fondation du
Prieuré S. Nigaise à Meulent.

CHAP. LVI.

DEMEVRANS à ce qu'auons
dit de ces genealogies (pour
n'en auoir peu recouurer
plus ample cognoissance)
nous retournerons à ce qui
est dit du premier Valeran Comte de
de Meulent, prisonnier du Normand,
en la bataille de Varauille, l'an 1060.
Pendant sa prison (qui dura vn an &
plus) il fist quelque vœu à Dieu, & aux
Martyrs saint Nigaise & ses Compagnons, ausquels il auoit vne grande &
singuliere deuotion a cause de leurs sainctes Reliques desquelles il estoit en
possession, & estant de retour en l'an
1061. ou 1062. jecta les premiers fon-

demens de l'Eglise, & Prieuré au nom
de sainct Nigaise, dans l'Isle de Meulent,
au mesme lieu & place de la petite
Eglise nostre Dame de l'Isle qu'il fist
desmolir, laquelle estoit ainsi nommée
de l'Isle, à la difference de celle qui estoit
dedans la ville, dediée au nom de la
mesme Vierge. Ce bastiment dura enuiron cinq a six ans à faire, pour le mettre en l'estat qu'il est encores de present,
ny ayant eu rien changé pour l'Eglise
sinon au milieu de la croisée qui estoit
esleuée en clocher à la façon des Eglises
de Rouen, & qui tomba par vne foudre de vents vn iour saincte Catherine;
ainsi qu'il est escrit en l'vn de nos viels
liures, ou n'est cotté l'année : auec laquelle croisée, les couuertures & , la
pluspart des logements du Prieuré furent abatus, ce qu'estant aduenu , on
mist les cloches nouuellement refaites,
(dont l'antienne porte l'inscription de
1376)sur le portail de l'Eglise qui fut
esleué en clocher ainsi qu'il paroist encores. Le bastiment parfait , l'Eglise
fut solemnellement dediée à Dieu, sous

l'inuocatió de la mesme nostre Dame &
de S. Nigaise & ses Compagnons, par
Gaufridus Euesque de Chartres, le iour
saint Simon saint Iude, vingt huicties-
me d'Octobre, l'an mil soixante sept,
l'aissant en vn Autel particulier dedié
à nostre Dame dans ladite Eglise, l'e-
xercice de la Paroisse, qui s'y continua
iusques au temps que nous dirons cy
apres.

Du premier Prieur installé audit Prieuré, &
de l'assemblée qui se trouua à la Dedicasse.

CHAP. LVII.

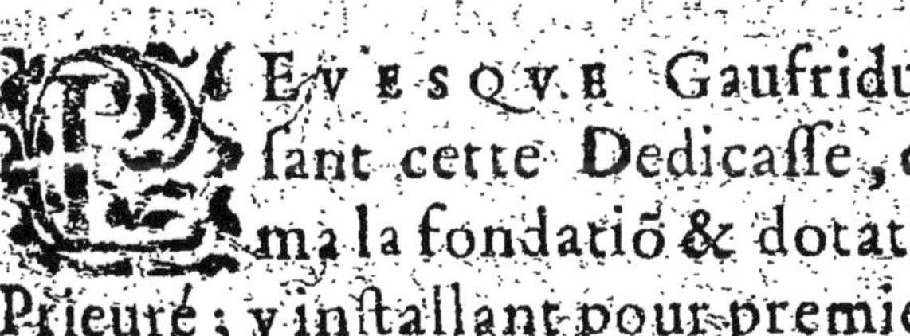

E V E S Q V E Gaufridus faisant cette Dedicasse, confirma la fondatió & dotatió de ce
Prieuré; y installant pour premier Prieur, Frere Robert de Beaufour, allié
fort proche de Galleran fondateur, lequel de Beaufour sur sa vieillesse, quitant les armes s'estoit rendu Moine en
l'Abbaye du Bec, fondée enuiron qua-

rante ans au parauant , & dont eſtoit
encores Abbé Helouin Fondateur d'i-
celle, ayant ſoubz ſoy lors pour Prieur,
ſaint Anſelme, qui depuis luy ſucceda,
& apres fut Archeueſque de Cantor-
byé ; & lequel ſaint Anſelme aſſiſta
ledit Robert de Beaufour Prieur en ſon
inſtalation audit Prieuré. Ceſte feſte
fut ſolemnelle : car il s'y trouua vne aſ-
ſemblée bien notable. Sçauoir Philippe
premier du nom Roy de France ; lors
aagé de traize a quatorze ans, aſſiſté
de Baudoüin le Iuſte Comte de Flan-
dres ſon Tuteur. Hugues frere du Roy,
depuis ſur-nommé le Grand à cauſe de
ſa Stature (dont Robert petit fils du
Fondateur , eſpouſa la fille quelque
temps apres ainſi qu'il eſt deſſus dit.)
Baudoüin Eueſque de Noyon, Riolant
Eueſque de Senlis : Imbert Eueſque de
Paris : Hugues Abbé de ſaint Denis:
Guy Duc d'Aquitaine: Geofrey Comte
d'Anjou : Guy Comte de Ponthieu : Simon premier du nom, Comte de Mon-
fort : les Seigneurs de Mont-morency,
de Giſors , de Neuf-bourg , Roger
Comte

Comte de Beaumont, & d'vn Seigneur
d'Aubergenuille , qui y donna des
biens le mesme iour , comme auſſi fiſt
Galterius Vicomte de Meulent , ainſi
qu'il ſe colige de l'original que nous
auons, d'vne lettre de l'an 1141. donnée
par Galeran II. du nom, petit fils du que
Fondateur: qui porte le Preuoſt de Meulent doit tous les Samedis porter &
mettre en l'Egliſe ſaint Nigaiſe , vne
Chandelle de trois deniers, ſuiuant l'ordonnance (dit-il) faite par Gaufridus
Eueſque de Chartres , en faiſant ladite
conſecration. Or noſtre fondateur deceda le dixieſme Decembre , ſelon ce
que nous aprenons d'vn de nos vieils
Martirologes , ou il ne cotte l'année:
mais ce peut auoir eſté enuirõ l'an 1070.
ou peu apres, pouuant lors eſtre aagé
de ſoixante & quinze ans , & eſt ſon
corps dans vn cercueil de pierre a coſté du grand Autel.

M

Quelques autres particularitez des Comtes
de Meulent.

CHAP. LVIII.

EN ce temps y auoit grande emulation entre les Seigneurs, speciallement en Normandie, a qui bastiroit Abbayes & Prieurez, ainsi que recite la Cronique de Normandie, où il en est fait vne grande description & dit que ce Roger de Beaumont gendre de nostre fondateur, à l'imitation de son beau pere, en fist bastir en sa terre. Folio 143. nous y aprenons, que Robert Comte de Meulent, fils de ce Roger, fut grand preud'homme, assistant Henry Roy d'Angleterre l'an 1100. Lequel il dissuada de faire outrage à Robert son frere aisné Duc de Normandie, qu'il tenoit prisonnier. Et en l'an 1110. au dire de Vigner, ce Robert, pour auoir soutenu le party du Roy d'Angleterre

contre Louys Roy de France ; il fut af-
siegé dans le fort de Meulent, & ne vef-
cut pas long temps apres : parce qu'en
l'an 1120. ainsi que dit cette Cronique,
fo. 151. Valeran Comte de Meulent qui
estoit son fils, porta les armes auec autres, contre le Roy d'Angleterre, qui
les deffit en vne bataille pres le Bout-
heroulde, & les mena prisonniers en
Angleterre : & s'estant r'allé auec luy,
il assista Guy de Bourgongne, qui dif-
putoit la Comté de Flandre, contre
Guillaume fils de Robert Duc de Normandie : & en la bataille, ledit Comte
de Meulent ne voulut fraper, pour l'a-
mitié qu'il portoit à Guillaume, de la
race & lignée duquel il estoit issu, &
encores son vassal à cause des terres qu'il
auoit en Normandie, comme tout cela
est recité en cette Cronique. f. 149.

---

*Des premieres dotations pour la fondation du
Prieuré saint Nigaise.*

CHAP. LIX.

POVR ce qui est de la fondation, &
dotation de ce Prieuré, la lettre de

Galleran second du nom Comte de Meulent, qui est l'original en Latin, datté de l'an 1141. de laquelle nous auons desia parlé en fait foy tres-certaine. Cette lettre escrite en parchemin, est signée au bas en ces mots. *Data per manu Rogerij Cancelarij,* & scelée en lacqs de cuir, d'vn sceau de cire blanche, auquel est empraint vn homme à cheual: & se dit au bas de ladite lettre, Faite regnant Louys Roy de France & d'Aquitaine, en presence de Mathieu de Montmorency, Robert de Neuf-bourg, Hugues de Gisors, Thibaut son frere Robert de Fremainuile, Rodolphe de Môt d'Osu, Garnier Preuost de Meulent & autres, laquelle lettre est vne confirmation dudit Galeran second, des dons & fondations faites par Valeran & Hugues Comte de Meulent ses antecesseurs, & Robert son pere, qui ont basty (dit la lettre) ledit Prieuré, des la premiere pierre. Cette mesme letre narre les dons de biens & heritages faits audit Prieuré, mesmes le droit de coustume du Marché tenu à Meulent le Ieudy: les

Fiefs, Dixmes, & Patronnages, de Fref-
nes & des Mureaux dont ils estoient
Seigneurs. (Et par parenthese nous dirons que ces dixmes estoient anexées à
leurs Seigneuries par infeodation, comme sont celles qui sont encores entre les
mains des Seigneurs temporels : par
concession de Charles Martel Roy de
France, en l'an 740. pour recompencer
les Seigneurs, des guerres soustenuës à
leurs despens contre les Sarrazins : l'a-
lienation desquelles fut aprouuée par
le Concille de Latran, qui a esté l'origine de la distraction des dixmes des
droicts Curiaux) Plus cette lettre fait
mention, lesdits Comtes auoir donné
des Fiefs & dixmes à Bures, Bresolles,
Euesquemont, Vaux, & autres lieux.
Item, la dixme du sel que le Comte de
Meulent a droit de prendre sur les bateaux, la dixme du bled que luy rend
de ferme le moulin de Meulent (Vne autre lettre donne franchise de mouture
& de banalité) la dixme de l'estang proche Gaudimont, & de celuy de Meulent
qu'ils ont faits ; auec droict d'y pescher

le iour saint Nigaise, & audit iour vn
muy de vin du celier du Comte. Item,
vn Porcq que doit liurer le Preuost de
Meulent, ou bien cinq sols, au choix du
Prieur, plus la chandelle ou cierge de
trois deniers que doit presenter & mettre ledit Preuost en l'Eglise saint Nigaise chacun Samedy, suiuant l'ordón-
nance de Gaufridus Euesque de Chartres, en faisant la Consecration de l'E-
glise. Item, dix liures a prendre sur les
droicts leuez sur les basteaux : adjou-
stant ledit Valeran second, le don des
Eglises S. Nicolas au chasteau de Meu-
lẽt, S. Geruais, & S. Iean en greue à Paris
vne foire, à Meulent, que le Roy Louys
& confirma les dons faits par d'autres y
declarez. Ce Valeran deceda le dixiesme
d'Auril, l'an 1168.

De la construction du grand Pont de Meulent.
CHAP. LX.

E Galeran second du nom,
Comte de Meulent, estoit
puissant en biens, tant du costé paternel duquel il auoit herité des

Contez de Mont-fort, & de Beaumont
le Roger, & autres grandes terres en
Normandie : Et du maternel, iouïssoit
d'autres grands biens , estant sa mere
petite fille du Roy de France Henry premier : & encor auoit les biens de sa femme fille du second Amaury Comte de
Mont-fort, dit Lamaury ; de sorte qu'a
la persuasion de ses femmes , il fist com-
mencer le grand Pont de Meulent pour
passer du costé de Mont-fort , & à ses
terres de Fresnes & autres qu'il auoit
de ce costé la, lequel pont, cette femme le suruiuant , fist acheuer , pauer les
Mureaux & plusieurs chemins , bastir
l'Eglise saint Iean des Mureaux depuis
peu abatuë : La Maladerye qu'elle fon-
da, dite de son nom Comtesse : & en toutes ses terres quantité d'Eglises , ou elle
fist faire des clochers de pierre en pira-
mides, & tels qu'on les voit auiourdhuy
aux enuirons de Meulent , iusques au
nombre de dix-sept : & outre fist faire
plusieurs ponts , & chaussées pour la
commodité publique.

Des Seigneurs qui ont contribué à la dotation dudit Prieuré saint Nigaise.

CHAP. LXI.

NON seulement les Comtes de Meulent ont esté zelateurs enuers ladite Eglise de saint Nigaise : mais encores beaucoup d'autres Seigneurs dont il paroist par nos tiltres comme nous dirons icy, selon la suitte des années qu'ils ont fait leurs dons. Premierement, ce Galterius Hay Vicomte de Meulent, mentionné en la susdite lettre de Galeran second, de l'an 1141. qui rend tesmoignage, que lors de la dedicasse, il donna dix sols annuels, qu'il auoit droit de prendre sur les bateaux, par octroy du Comte. Roger Comte de Beaumont, gendre du premier Valeran, & ayeul du second apres la conqueste d'Angleterre donna audit Prieuré, vne maison & terre appelée Blinchefeld, & quarante sols

te fols de rente fur vne autre nommée
Hungifel. Amicicie Comteffe de l'Inceftre premiere femme de Robert fon
fils, donna pour employer au luminaire
de l'Eglife, vn march d'argent, à prendre annuellement fur fa maifon de Chu-
rifnodeft en Angleterre. Plus par autre
lettre, vne once d'Or par an, fur la mefme maifon. Ledit Robert prift ladite
maifon de Blinchefeld, & en efchange
bailla dix liures cinq fols de rente, a
prendre fçauoir fept liures cinq fols fur
fon manoir de Cherlant, & foixante fols
fur ledit Blinchefeld, auec la moitié &
vn fixiefme en l'autre, en la foreft proche Cherlant, defquelles chofes nous
auons quatre lettres, dont trois
font fans datte (n'eftant l'ors la façon
de datter, ainfi que voyons en autres
lettres faites en ce temps) & l'autre
dattée de l'an 1119 qui eft de Henry Roy
d'Angleterre Duc de Normandie, donnée en fon Palais à Roüen, prefent Galeran Comte de Meulent, & autres y
nommez. Item Hugues Vicomte de
Mante, Seigneur de Mezy, & Bafille fa

N

femme, fille de ce premier Galterius
du confentement de fes enfans y nommez, donna vn pré à Mezy, & pouuoir
d'y faire vn preffoir pour la vigne du
Prieuré, & pour ceux qui en tiennent à
cenfine, comme auffi pour tous ceux qui
y voudroient aller. Item vn autre Galterius Hay, Vicomte de Meulent, fils du
precedent, & frere de ladite Bafille, par
lettre de l'an 1133. qui eft vne confirmation qu'en fift le Roy Louys, donna audit Prieuré vn fief auec Iuftice à Efpof-
ne. Plus par autre lettre, donna la haute Iuftice qu'il auoit aux Mureaux, four
banier, & mefure à vin, lequel don fut
confirmé par Almaricus, auffi Vicomte
de Meulent, fils de ce fecond Galterius,
par lettres de l'an 1181. dedans lefquel-
les il adjoufte le don de certains pref-
foirs à Mezy dont il eftoit Seigneur,
& par vne autre lettre, donne vn Fief
audit Mezy (ce droit de Iuftice aux Mureaux fut confirmé audit Prieuré par vne
Sentence donnée en l'Affife à Meulent,
tenuë par le Bailly d'Eureux, auec le
Procureur de Louys Comte d'Eureux,

& de Meulent, fils du Roy Philipes, en
l'an 1318. & ladite mesure à vin, par
Sentence côtradictoire contre le Maire
de Meulent, donnée par Robert de Vil-
lette Preuost de Meulent, le Vendredy
apres la saint Nigaise, l'an 1329.

Des dons faits par plusieurs autres
Seigneurs.
CHAP. LXII.

CEs deuotions furent conti-
nuées par plusieurs autres,
côme Theobaldus de Mailly,
par lettres de l'an 1153. laissa
audit Prieuré, le pressoir de la Truelle,
& vne vigne nommée Fougeret, & ge-
neralement toutes les choses que ledit
Prieuré pourroit auoir dans son fief de
Mailly audit Meulent, tant en maisons,
vignes & autrement, pour tenir le tout
franchement. Cecy confirmé contre le
Maire & commune de Meulent, comme
Seigneur dudit fief de **Mailly**, par Sentence donnée és Assises de Meulent,

tenuës par le Bailly d'Eureux, l'an 1317.
qui declare ladite vigne de Fougeret
amortie. Simon d'Aubergenuille, par
lettres de l'an 1204. confirmée par autre
de 1208. donna vn muid de bled de rente qu'il auoit droit de prendre sur le
moulin de Meulent, par don à luy fait
par Galeran comte de Meulent, suiuant
la lettre de Robert son fils : Plus par
mesmes lettres, donna les Censiues &
droit de haute Iustice qu'il auoit sur
trois maisons à Meulent en la Boulange-
rye: Le mesme d'Aubergenuille, par lettres de l'an 1220. donna le Roüage de
Gaillõ à deux deniers pour chaçune charette chargée. Item par vn autre, donna
vn fief, & Moulin à Gargenuille lequel
moulin par lettres de l'an 1258. Le Prieur bailla à Hugues desfossez pour dix
sols de cens. Ode de Mezy Senechal de
Meulent, par lettres de l'an 1228. donna
vn muid de vin à prendre annuellement
en ses pressoirs, & des censiues à Mezy.
Eustache son fils Cheualier & Vicomte,
par lettres de l'an 1247. donna autres
censiues à Mezy. Messire Robert Dea-

jou Seigneur de Nonciennes par lettres du Roy saint Louys, du mois d'Octobre 1269. portant la confirmation, donna des censues d'argent & vin, sur le Clos de Nonciennes proche Meulent, dont y a eu condamnation contre les Religieuses de Maubuisson, par Sentence des Requestes du Palais à Paris, du sixiesme Mars 1427. Messire Robert de Glatigny, par lettres de confirmation de Louys Comte d'Eureux, & de Meulent, fils du Roy de Frâcé, dattée de l'an 1314. delaissa audit Prieuré, la petite isle deuât Nonciennes, & vne Ramée à pescher proche ladite isle : dont le droit fut confirmé au Prieur, par Enqueste, & Iugement donnez à Meulent, l'an 1425. Auec le Procureur du Duc de Bet-fors Anglois, Seigneur de Meulent & autres pays qu'il apelle conquis : Et pourrions cotter autres dons de Seigneurs dont nos papiers font mention ; mais nous les delaisserons pour n'estre que des memoires, & pour euiter prolixité qui seroit ennuyeuse au Lecteur, quoy qu'il soit iuste & de nostre deuoir, de releuer

N 3

les antiens bien-faicteurs enuers cette
Eglise, & les tirer de l'oubly par ce recueil : & malgré les années faire viure
leur memoire parmy les gens de bien.

Confirmations & Preuileges octroyez par
les Roys de France.

CHAP. LXIII.

LEs Roys de France ont contribué au bien & aduancement
de cette maison, par plusieurs
lettres & Confirmations, sçauoir Philippes premier, qui confirma
les premieres Fondations en l'an 1067;
Louys le gros son fils, par lettres de l'an
1132. & de son regne le 23. donna à cette
Eglise vne foire frâche, qui se tiendra au
fort de Meulent, le Dimanche des Octaues de Pasques & durera trois iours, laquelle foire auoit esté accordée par Robert Comte de Meulent, pere du second
Galeran, suiuant sa lettre en Latin que
nous auons, qui est sans datte, & neant-

moins doit estre du mesme an 1132. par
ce qu'il dit, laquelle le Roy Louys (qu'il
qualifie Gloriosus) luy auoit accordée.
Plus ce mesme Roy Louys , par lettre
de l'an 1133. Confirme le don fait par
Galterius Vicomte de Meulent , d'vn
fief à Espone. Philipes Roy de France,
par lettres données à Fontaine-bleau,
l'an 1182. Confirme tous les biens,
droicts & preuileges de ce Prieuré, qu'il
prend en protection. Item , par autres
lettres données à Mante, l'an 1188. confirme le don fait par Galterius Vicomte
de Meuleat , d'vn fief aux Mureaux,
dont dessus est fait mention. Et par autres lettres données à Vernon, l'an 1195.
& de son regne le 17. fait encores autre
Confirmation, amortissant la mouuan-
ce des fiefs appartenans audit Prieuré à
Espone , Tessancourt, Gaillon, Mezy,
Gargenuillé & autres. Plus ce mesme
Roy Philippes , par lettres patentes,
données à Mante, au mois de Feurier,
l'an 1204. fait pareille Confirmation.
Blanche Royne de France mere de saint
Loüys , par lettres de l'an 1249. Confir-

me quelques eschanges faites pour l'vtilité dudit Prieuré. Le Roy S. Louys, par lettres du moys d'Octobre 1269. confirma le don fait par Rober Deajou, des censiues sur le clos de Nonciennes, desquelles à esté parlé cy dessus. Louys Comte d'Eureux & de Meulent, fils du Roy, Confirma le delaissement fait par Robert de Glatigny, de la petite isle & Ramée à pescher susmentionnez. Toutes ces lettres disent ledit Prieuré estre en la protection du Roy : & les biens d'iceluy admortis, iugé par vne Sétence donnée aux Assises de Meulent, en l'an 1476. Item, par l'adueu rendu au Roy, en l'an 1521. par Iean Archeuesque de Toulouze, Euesque d'Orleans, & Abbé du Becq, pour luy & les Prieurés en dependans (où les biens dudit Prieuré S. Nigaise sont amplement specifiez) est dit que le Prieur & ses domestiques sont francqs d'acquitz, & redeuances par terre & par eauë en toute la France. N'est a obmettre vn autre droict assez notable, qui est, que les Chapelains de nostre Dame de Mante & de S. Melon de Ponthoise, sont tenus par leurs fondations, & a cause des droicts qu'ils auoient sur Hardricourt (par eux alienez) & ce qu'ils prennent sur le Domaine du Roy à Meulent, d'enuoyer, comme ils font annuellement le iour S. Nigaise, deux Chapelains de chacune Compagnie, pour ayder à celebrer l'office dudit iour.

Seconde translation des Reliques de saint Nigaise & ses Compagnons.

CHAP. LXIIII.

CI apres nous parlerons des Confirmations des Papes, Cardinaux, Archeuesques, Euesques & autres Prelats pour ledit Prieuré : Mais afin de continuer nostre ordre par les années, il nous conuient parler de la seconde tráslation des saintes Reliques, desquelles nous auons cy dessus cotté : la premiere faite par saint Oüen, l'an 632. sur quoy est a

DES RELIQVES

remarquer auât que de paller plus outre, qu'on peut presumer, qu'elles furent renouuellées d'autres chaſſes, au lieu de celles ou elles eſtoient lors de l'apport d'icelles ſainctes Reliques en la ville de Meulent, pendant des courſes de Haſtenc, l'an 842. Et encores viſitées, enrichies, & ornées lors du baſtiment de cette Egliſe ſaint Nigaiſe, & Conſecration d'icelle par Gaufridus Eueſque de Chartres, l'an 1067. Mais parce que cette cy fut fort ſolemnelle, & que d'icelle nous faiſons feſte & office, nous la cottons pour ſeconde tranſlation, elle fut faite à la priere de Galeran ſecond du nom, Comte de Meulent, l'an 1140. premier Dimanche des octaues de l'Aſcenſion, par Goiſlenus Eueſque de Chartres, ſur vne occaſion qui ſe preſenta telle. L'on auoit apporté audit Comte Galeran, le Chef ſaint Nigaiſe, qui n'eſtoit lors auec les autres Reliques, ainſi qu'auons dit : Et d'autant que l'on doubtoit que ce fut le vray chef du Saint ; Ce bon Eueſque, & le Comte en voulurent faire l'eſpreuue, & pour ce

faire, assemblerent tout le Clergé des
enuirons, & vn grand nombre de peuple, en la presence desquels ledit Euesque mist sur l'vn des bouts du grand
Autel ; de l'Eglise ce chef, & à l'autre
bout le reste des offemens de saint Nigaise, qu'on auoit tirez de leur Chasse,
puis luy & tous les assistans se mirent
en prieres vers Dieu, a ce qu'il luy pleust
par quelque signe euident, faire con-
noistre si c'estoit le vray chef, la priere
acheuée, ce Chef de soy-mesme Miraculeusement, s'alla joindre auec les autres offemens, ce qui fit cognoistre euidemment la verité dont ce bon Euesque
Goslenus auec le Comte & tout le peuple rendirent graces à Dieu & au bien-
heureux Martyr saint Nigaise. Cela fait
les sainctes Reliques furent remises en
des Chasses neufues qu'auoit fait faire
ledit Comte Galleran, celle de S. Nigaise
garnie de lames d'argent, & les autres
en l'estat qu'elles sont encore a present,
& demeura les chefs de saint Nigaise,
saint Quirin & sainte Pience, en des
Chasses a part, pour estre souuent veuz

& venerez, comme il se fait de present:
Pour memoire de laquelle translation,
cét Euesque donna a perpetuité des Indulgences a ceux qui visiteroient ladite
Eglise, le iour, & pendant les octaues
de l'Ascension.

D'autres Miracles, au recouurement d'aucunes
parcelles des Reliques de S. Nigaise.

CHAP. LXV.

Ovs aprenons d'vn antien
manuscrit qui est dans nostre Eglise, d'vn autre bien
signalé Miracle arriué auparauant, du temps de Hugues Comte
de Meulet qui auoit succedé à son frere
Valeran premier nostre Fondateur, enuiron neuf ou dix ans apres la fondation, il aduint qu'vn pauure homme demeurant à Gany, ayant sceu la deuotion
que l'on portoit à S. Nigaise à Meulent,
ou le Comte auoit fait bastir vne Eglise
en son nom : vint vers ledit Comte Hu-

gues dire, qu'il sçauoit par tradition de
son Pere & autres, ou il estoit resté ca-
ché quelques reliques & ossemens de
saint Nigaise, & que si on le vouloit secourir de quelque charité, pour subue-
nir à luy & a sa famille qui estoit en ex-
tresme misere & pauureté, il apporte-
roit ces reliques, Le Comte Hugues fut
fort content de ces nouuelles, & luy
promit tout secours & assistance de
biens, moyennant qu'il n'y eust aucun
abus, & que ce fussent les vrayes Reliques de saint Nigaise. Ce pauure homme vint au iour determiné, aporta
ces ossemens, & le Comte les receut
auec reuerence, en l'Eglise saint Nigaise, ou il fist assembler le Clergé & le
peuple de la ville, pour en leur presence
esprouuer la verité desdites Reliques
apportées. Et pour cét effet fist faire au
milieu de l'Eglise vn grand feu, & apres
auoir inuoqué la bonté de Dieu, à ce
qu'il luy pleust leuer le scrupulle ou ils
estoient, & que si elles estoient vrayes
elles demeurassent sans combustion
dans le feu, sinon, qu'elles se consu-

maſſent ainſi que les oſſemens des autres hommes. Et à l'inſtant on miſt au
milieu du feu ces Reliques enuelopées
d'vn linge, leſquelles y demeurerent
longuement, ſans qu'elles fuſſent, ny
meſme ce linge, aucunement touchez
du feu, & apres longue eſpace de temps,
d'elles meſmes, elles ſaillirent du milieu
des flames, lors s'eſleua vn grand cry
de ioye par les aſſiſtans loüans Dieu.
Et dit ledit manuſcrit qu'à l'atouche-
ment de ces Reliques, il ſe fiſt lors pluſieurs miracles, & que beaucoup receurent guariſon de leurs infirmitez.

---

*D'vne Proceſſion ou on porta les ſainctes
Reliques, & des Miracles qui s'y firent.*

CHAP. LXVI.

V meſme manuſcrit eſt raporté
vn autre Miracle fort notable,
aduenu vn an apres la ſuſdite
tranſlation des ſainctes Reliques par
Goſſenus. Ce fut qu'en l'an 1141. pour

vne grande necessité publique : le mefme Galeran Comte de Meulent, second
du nom, commanda vne procession estre
faite de Meulent, iusques au vilage de
Iusiers sur la riuiere, distant d'vne petite
lieuë, en laquelle procession il fist venir les Curez & peuples des paroisses
circonuoisines, & y fut porté fort ho-
norablement, la Chasse eù estoit le
corps S. Nigaise, ou apres les deuotions
faites en reuenant, comme les Prestres
qui portoient cette Chasse, se voulurent reposer, ils l'osterent de dessus leurs
espaules, & mirent sur vne table dans le
chemin : Mais comme se vint à la leuer
pour paracheuer le chemin, ils ne peu-
rent la faire mouuoir, ny mesmes pas vn
des assistans, Prestres & Seculiers. Ce
qu'oyant le Comte Galeran qui assistoit
en cette Procession, s'en approcha, &
n'y fist pas plus que les autres; dont toute l'assistance se trouua grandement
troublée, ne sçachant ce qu'ils deuoient
faire, lors quelqu'vn du Clergé vint à
dire, qu'il faloit qu'on eust fait quelque
offence à ce saint Martyr, alors il reuint

en memoire au Comte, que depuis n'a-
gueres il auoit empesché que l'Eglise
dudit saint Nigaise ne perçeut les droits
du marché du Ieudy, octroyez par son
bisayeul, & iouïst de quelques autres
domaines ; Mesme il n'auoit fait deliurance de quelques dons que luy mesme
y auoit voüez: Pourquoy se mettant dé-
uotement a genoux deuant la Chasse,
demanda en son cœur pardon de sa faute, & fit sa priere à saint Nigaise, à ce
qu'il luy pleust permettre son corps
estre reporté en l'Eglise dediée en son
nom, & que sans retardement il s'atis-
feroit. Sa priere & vœu fait, la Chasse
s'esmeut d'elle-mesmes, lors les Prestres
la prenans, continuérent leur chemin,
& toute la Procession reuint à Meulent
loüans Dieu, puis remirent la Chasse
en son lieu: Et le mesme iour, se fist deux
Miracles en ladite Eglise saint Nigaise à
l'attouchement de la Chasse. Vn ieune
garçon de Iusiers nommé Toiret, fut
gary d'vne Fiéure quarte qu'il auoit depuis vn an. Vne femme d'vne Paralisie
qui luy auoit entrepris vne partie du

corps

corps sans se pouuoir mouuoir les bras,
& tout à l'instant elle fut guarie en la
presence de tout le peuple. Pour memoire de ce Miracle, & pour le secours
qu'à la priere des saincts Martyrs le
pays receust en cette vrgente necessité
publicque, le Comte ordonna, & de
son viuant fust obseruée, vne semblable
Procession par chacun an le iour de l'A-
scension nostre Seigneur, ce qui a tousiours iusques icy depuis continué. Et au
regard de son vœu, il l'accomplit incontinent & sans delay, comme tes-
moigne sa lettre du mesme an 1141. dont
est fait mention cy deuant.

Bulles des Papes, & autres lettres de Prelats
pour ledit Prieuré saint Nigaise.

POVR ne nous esloigner du
fil de l'histoire en suitte des
temps, nous reprendrons
icy le fait des Papes, & Prelats n'agueres delaissé, selon le peu de
lumiere que nous en ont peu donner les
papiers que nous auons en main, & ce

ſous eſperance que quelque iour nous
en pourrons auoir vne autre plus
ample cognoiſſance. Premieremēt, nous
auons Bulle du Pape Honoré troiſiéme
du nom, qui fut creé l'an 1124. Portant
Confirmation des biens, & droicts au-
moſnez audit Prieuré, en laquelle eſt
particulierement ſpecifié les Dixmes,
Patronnages & droicts ſur les Egliſes
des Mureaux, & de Freſnes. Autre
Bulle d'Alexandre III. Pape, donnée à
Paris, l'an 1163. (qui fut au temps qu'il
conſacra la nouuelle Egliſe Abbatiale
de ſaint Germain des prez) par leſquelles il confirma à Robert Prieur de Meulent, tous ſes droicts, & en laquelle il
fait mention des Egliſes S. Iacques, &
ſaint Nicolas de Meulent, S. Geruais, &
S. Iean à Paris, les Mureaux & Freſnes,
auec les Dixmes, le droit de marché, &
autres donations & fiefs, pluſieurs deſquels ſont ſpecifiez, excommuniant
toutes perſonnes qui frauderont & deſ-
croiſtront les biens & droicts dudit
Prieuré, Hugues Archeueſque de Roüe,
ſur la tranſlation des Reliques faite par

Goslenus Euesque de Chartres, l'an mil
cent quarante, en mesme temps confirma les Indulgences. Comme aussi fist
Thibaut Euesque de Paris ce mesme
an. Rotrodus, issu des Comtes du Per-
che d'Euesque de Bayeux, creé Archeuesque de Roüen, apres ledit Hugues,
en l'an 1164. par lettres Confirma, &
aprouua ce que son predecesseur Hugues auoit octroyé audit Prieuré. Guillaume Archeuesque de Sens, & Legat
du saint Siege, enuiron ce temps donna
vingt iours d'Indulgence, auec la re-
mission des pechez oubliez, & vœux
enfrains : Laquelle chose Confirma
Pierre Archeuesque de Sens son successeur, par lettres du troisiesme Iuillet
1201. par lesquelles il aprouue les Reliques des saints Martyrs, & donne Indulgence à tous ceux qui visiteront ladite Eglise, depuis le iour de l'Ascension, iusques aux octaues de Penthe-
coste. Frere Iacques Euesque de Pe-
nestré, Legat du saint Siege, en France,
Confirma les mesmes Indulgences.

Lettres des Euesques de Chartres, Sens & Paris, pour les droicts dudit Prieuré.

CHAP. LXVIII.

REGINALDVS Euesque de Chartres, par lettres dattées du quatriéme des Calendes de Mars 1194. remet à Iean de Chastel Prieur de saint Nigaise, deux muidz d'orge, que son Archidiacre de Poissi faisoit prendre par les mains du Curé des Mureaux en la grãge S. Nigaise, & deffend audit Archidiacre de troubler ledit Prieur en son droit de presenter à ladite Cure. Robert successeur dudit Regnaut, par lettres dattées au mesme an 1194. en fait la Confirmation. Le mesme Robert Euesque de Chartres, par autres lettres du mois de Iuillet, mill cent nonante huiȼt, à la priere (dit-il) de Philippes Roy de France, & de Guillaume Archeuesque de Sens, & du consentement de Guillaume Prieur de saint

Nigaiſe : Ordonna que le Chapelain de l'Hoſtel Dieu & Aumoſnerie de Meulent, ſera à la preſentation dudit Prieur : Ce qui eſt aprouué par Gaultier Chapelain dudit lieu, par ſa lettre de l'vnziéme des Calendes de Ianuier 1211. reconnoiſſant eſtre à la preſentatió du Prieur, & luy deuoir dix ſols de cens, & les chandelles de la Purification. Le meſme Guillaume Archeueſque de Sens, par lettres Confirme les droicts dudit Prieuré, ſur les Egliſes S. Geruais & ſaint Iean à Paris, S. Pierre des Mureaux, & ſaint Martin de Freſnes. Plus y a vne Sentence Apoſtolique pour la poſſeſſion de ladite Egliſe ſaint Geruais. Nous auons auſſi lettre de Pierre Eueſque de Paris, du 12 Ianuier 1212. portant diuiſion de la Cure de ſaint Iean, d'auec celle de ſaint Geruais, du conſentement de l'Abbé du Becq, & du Prieur de S. Nigaiſe Preſentateurs ; à la charge que les deux Cures demeureront au meſme droict. Item, vne lettre de l'an 1260. portant fondation d'vne Chappelle en ladite Egliſe S. Iean, du conſentement de l'Abbé du Becq, a cauſe du Prieuré ſaint Nigaiſe ; de laquelle Egliſe (dit cette lettre) le Prieur eſt Patron. Item, vn extraict du Poulier de l'Archeueſché de Roüen, eſcrit de la main d'Odo Rigaut Archeueſque, qui contient la viſite qu'il fiſt l'an 1260. Portant, que la Curé S. Nicolas de Meulent, eſt à la preſentation du Prieur ſaint Nigaiſe. Plus eſt en nos mains l'original d'vne lettre de Pierre de Maincy Eueſque de Chartres, du neufiéme Mars 1269 portant, que pour l'indecence qui eſtoit en ladite Egliſe ſaint Nigaiſe a cauſe des chants, & Office du Prieur, & celuy des Preſtres deſeruans à l'Autel en la nef ou eſtoit la paroiſſe, qui ſe rencontroient ſouuent en meſme temps: & pour les difficultez d'aller de nuict en l'Egliſe (comme il eſtoit neceſſaire) pour le ſecours des paroiſſiens. Et encores ſur les conſiderations, que le Chapelain de ſaint Iacques n'auoit dequoy viure, du conſentement du Prieur & Curé, ledit Eueſque transfera ladite paroiſſe en ladite Chapelle S. Iacques : & moyennant

ce, le Prieur quitte vingt fols & autres
droits qu'il prenoit annuellement de
pention fur ladite Cure, excepté les
chandelles de la Purification, qu'il pren-
dra comme au parauant, & pour lefdits
vingt fols, la paroiffe donne au Prieur
dix-huict fols de cens, qu'elle prend fur
la maifon de Iean Doré, joignant ladite
Chapelle faint Iacques, & tous autres
droits qu'ils ont fur cette maifon; fans
que le Prieur foit tenu d'aucune contri-
bution, aux liures, ornemens, cloches,
cordes, reparations de l'Eglife, & autres neceffitez de la fabrique; & auront
les paroiffiens leurs fepultures au Cemetiere S. Nigaife comme auparauant.

Autres lettres pour les Indulgences.

CHAP. LXVIIII.

ENRY Abbé de faint De-
nis en France, par fes Lettres dattées de l'an 1290.
affocie aux prieres de fon
Monaftere & autres en de-
pendans les bien-faicteurs de l'Eglife S.

Nigaife. Guillaume d'Amy Euefque de Chartres, creé l'an 1342. Confirme toutes les Indulgences cy deuant octroyés à faint Nigaife, & y adjoufte quarante iours de Pardon, à ceux qui vifiteront l'Eglife le iour de la Dedicaffe, qui eft le iour faint Simon S. Iude, & le iour de la fefte faint Nigaife, le traiziéme d'Octobre. Guillaume d'Eftouteuille Archeuefque de Roüen, creé l'an 1452, Legat de Calixte III. Pape, en vertu de fon pouuoir, octroye à tous les bienfaicteurs de faint Nigaife, qui vifiteront ladite Eglife le iour faint Nigaife, vn an de vray pardon, & aux iours de l'Afcenfion, le iour de la tranflation des Reliques, qui eft le Dimanche enfuyuant, & le iour de faint Simon faint Iude de la dedicaffe d'icelle. Item, la fefte de tous les Saints, pour chacune defdites Feftes cent iours de vray pardon. Item, en l'an 1518 Adrian de fainte Sabine, Anthoine Cardinal de fainte Anaftafie, Louys Cardinal de faint Siluestre, Chriftophle Cardinal de fainte Marie de Ara-Cœli, & Bernard Cardinal

dinal de sainte Marie au Portail, par lettres sous leurs sceaux, ont donné a ceux
qui visiteront ladite Eglise les iours de
Noël, Vendredy S. Pasques, Ascension,
& les deux festes saint Nigaise, pour
chacune d'iceux, cent iours d'Indulgences. Item, Nous à present Prieur,
auons obtenu autres Indulgences de nostre saint Pere le Pape Gregoire quin-
ziéme, du vingt & vniesme de Feurier
1622. Confirmées par Monsieur Leonor
d'Estampes Euesque de Chartres, par
ses lettres du douziesme Auril audit an.
Et par Mósieur François de Harlay Archeuesque de Roüen, par les siennes du
23. desdits moys & an, pour tous ceux
qui visiteront ladite Eglise, le iour de
l'Ascension, depuis les premieres Vespres, iusques au Soleil couché dudit
iour.

Quelques remarques pour la ville de Meulent.

CHAP. LXX.

AVANT que quiter ce qui est de
l'Histoire & suitte du temps, il

P

nous a semblé n'estre hors de propos, de faire icy vne petite remarque pour la ville de Meulent. Il y auoit en icelle de bien longue antiquité, vn bien fort chasteau basty sur le roc au haut de la coste, composé de forts bastimens, & vne grosse tour carrée en forme de donjon. Ce chasteau fut assiegé, miné & abatu par Bertrand du Guesclin Capitaine Breton (depuis Conestable de France) en l'an 1364. pour le Roy de France Charles cinq, dit le Sage, en depit de ce que le Comte de Meulent s'estoit alié auec le Roy de Nauarre, qui disputoit la duché de Bourgongne ; cela aduint apres que ce Guesclin en eust autant fait au fort chasteau de Rouleboise, & pris la ville de Mante. Cecy est recité en l'Histoire particuliere dudit Guesclin, en Froissard, Nangis, & la Cronique de Flandre, & en la Bibliotecque historiale de Vigner. Des demolitions, l'Eglise de saint Nicolas en fut rebastie, & les murs de l'isle S. Nigaise, appelée le fort de Meulent reparez, & acheuez de fortifier. Car pour la forteresse qui est

au bout du grand pont vers la campagne des Mureaux, elle a esté faite depuis
cinquante ans par le Sieur d'O Gouuerneur. Comme l'autre vers la ville, du
temps du Sieur de Belangeruille, n'agueres Gouuerneur pour le Roy en la place.
Nous adjousterons icy du nostre, Qu'il
semble ces Saincts Martyrs interceder
vers Dieu, & obtenir la protection de
l'Isle, & fort de Meulent, ne se remar-
quant point, que parmy tant de guerres
qu'il y a eus en France depuis cinq cens
ans, que cette place aye esté prise, ny
rauagée : & depuis qu'auec la Comté
elle est entre les mains de nos Roys, les
habitans ayent manqué en leur fidelité;
ny mesmes aux dernieres guerres ciuiles
de la Ligue : quoy qu'assiegée, & bat-
tuë pendant les moys de Ianuier, Feurier & Mars 1590. par Monsieur le Duc
de Mayenne, auec vne puissante armée,
contre laquelle auec vne poignée de gés
en garnison, elle resista Miraculeusement, comme sous l'apuy de ces Saints
qui la protegerent, & firent venir le secours du Roy Henry le Grand, qui fit

leuer le fiege ; Pendant lequel, aduint
vn iour, comme le Roy eftoit dans l'E-
glife faint Nigaife, qu'vn coup de canon
donnant contre, brifa des pierres, qui
donnérent ouuerture à vn long cercueil de pierre pofé contre le mur dans
le cœur, qu'on croyoit n'eftre qu'vne
pierre d'iceluy mur, & non vn cercueil,
dans lequel on vift les offemens d'vn
corps encores couuert d'armes, prefque
confumées du Roüille, & aupres du teft
vne phiolle de verre, & dedans vn petit
Rouleau de parchemin, ou eftoit efcrit ces mots. *Cy gift Galleran Comte de
Meulent, Fondateur de cette Eglife.* Laquelle
chofe fa Majefté voulut voir, comme
firent beaucoup des affiftans, & à l'inftant fut refermé ce Cercueil.

Enfuit les Miracles trouuez par escrit,
aduenuz par les merites de S. Nigaise
& ses Compagnons.

CHAP. LXXI.

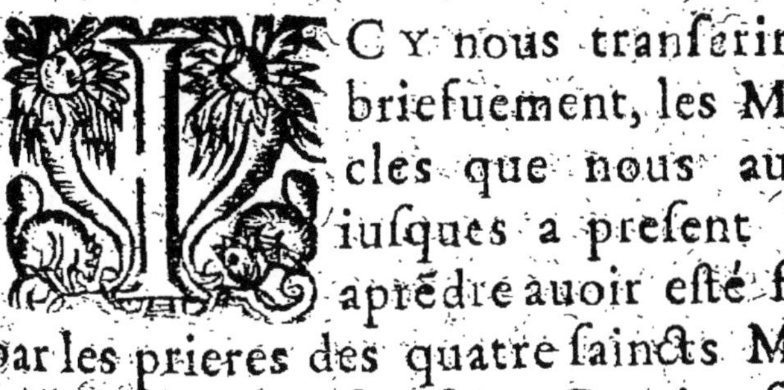 C Y nous transferirons
briefuement, les Mira-
cles que nous auons
iusques a present peu
aprédre auoir esté faits
par les prieres des quatre saincts Martyrs saint Nigaise, saint Quirin, saint
Scuuiculle, & sainte Pience, selon qu'ils
sont mentionnez, par des antiens ta-
bleaux, vieils manuscrits Latins, &
François, memoires dans des Martyro-
loges, & liures de chants, qui seruoient
à l'Eglise, & dans quelques papiers qui
sont en nos mains, aparoissant (par des
fueillets a demy pourris & deschirez
d'antiquité ; pour auoir esté laissez en
lieux trop humides) y en auoir eu beaucoup d'autres que ne pouuons reciter,

P 3

pour ne les auoir peu parfaitement entendre en si peu d'escriture qui reste.
Doncques, outre ceux dessus cottez aux
Translations des sainctes Reliques, nous
trouuons les suiuans.

Guerison d'vn enfant Aueugle, Sourt, & Muet.

IL y auoit vn enfant nommé Hilperi-
cus, lequel des le berceau estoit demeuré Aueugle, Sourd & Muet, sa mere
l'aporta sur ses espaules en cette Eglise,
sous esperáce de trouuer guarison pour
son enfant par la faueur des saints Martyrs, qu'elle pria d'vne grande tendresse
& affection, & à l'instant, par les prieres des saints Martyrs, Dieu exauça
celles de cette bonne mere, & la veuë,
l'oüye & la parole reuindrent à l'enfant.

Vn Aueugle recouura la veuë.

VN homme Aueugle se conduisant
d'vn baston, s'aprocha des sainctes
Reliques, sur l'espoir qu'il auoit aux
prieres de saint Nigaise, & ses Compagnons, & deuotieusement fist sa priere
aux saints Martyrs, à ce qu'il leur plust
interceder vers Dieu remede à son infir-

mité; la feruenr de fa priere fut exaucée,
& s'en retourna clair-voyant, loüant
Dieu, & remerciant les bien-heureux
Martyrs.

Guerifon d'vn homme Froiffé.

ON apporta vn homme, lequel d'v-
ne cheute auoit eu tous les membres froiffez, & des os rompus, eftant
en l'Eglife, il fe recommanda de tout
fon cœur à faint Nigaife, & prefence de
tout le peuple, il recouura fa premiere
santé, dont luy & des affiftans, voyans
vn fi fignalé Miracle, rendirent graces
à Dieu, & aux Sainsts.

Vne fille morte, fubitement reuint en vie.

LE iour d'vne fefte folemnelle, côme
le Diacre difoit l'Euangile, vne fille
nommée Helaine, tomba fubitement à
terre & rendit l'efprit, dont tous les affiftans demeurerent grandement eston-
nez, & la prenans la vouloient porter
hors au Cemetiere pour l'enterrer, vn
des prefens plein de foy, & d'efperance,
les en deftourna, difant; Qu'il faloit
pluftoft tous enfemble prier les faints
Martyrs d'interceder vers Dieu pour

elle, ce qu'ils firent, puis laifferent le
corps en l'Eglife pendant le midy qu'ils
fortirent, & apres la refection, retournérent vn grand nombre de gens, qui la
trouuérent en vie pleine de fanté, remerciant Dieu ; & leur raconta comme
faint Nigaife luy eftoit apparu, qui luy
auoit monftré vn lieu plein de delices,&
commandé de retourner vers fes parens.

Vn Marefchal guery d'vne Defluxion.

DAns la villé de Meulent y auoit vn
Marefchal, lequel pour vn mal de
dents, la tefte, & la gorge luy enflé-
rent en forte, qu'il ne pouuoit voir ny
ouurir la bouche pour manger : & pour
ce qu'il auoit grande deuotion vers faint
Nigaife, le reclama à fon fecours, &
prift de l'eau en laquelle on trempa le
chef faint Nigaife, & vn linge qu'il y
fift toucher, & ayant beu de cette eauë,
& appliqué ce linge fur fa tefte, il fut
tout incontinent guery.

Vne fille guarie deux fois d'vne inflamation.

VNe ieune fille ayant vn mal de iambe qui luy faifoit vne tres-grand
douleur pour l'ardeur cuifante de cette

inflamation ; ſes parens l'amenerent à
l'Egliſe & fiſt ſa priere à ſaint Nigaiſe,
voüant que ſi par ſon moyen elle rece-
uoit gueriſon, de le ſeruir deuotement,
& tous les ans luy faire oblation. Sa
priere, & ſon vœu fait , elle ſe trouua
parfaitement guerie , & s'en retourna
auec ſes parens. Par deux ans elle garda
ſon vœu, par apres elle fut negligente
de le continuer ; incontinent fut repriſe
du meſme mal, pourquoy ſes parens la
ramenérent à l'Egliſe , requerant pardon, & promettant la fille n'y plus faillir, elle fut derechef guerie, & n'oublia
plus ſon vœu.

Gueriſon d'vn garçon, eſcraſé
d'vne charette.

AV village d'Eſpone, vn ieune garçon euſt la teſte grandement offencée, & preſque eſcraſée d'vne charette qu'il menoit chargée de gerbes en
Aouſt, de ſorte que le ſang luy ſortoit
par les yeux, & par les narines : ſes amis
le porterent comme mort au logis, & a
raiſon de la nuict qui approchoit diffe-
rérent au lendemain à le mettre en terre,

fa mere & fes parens l'enfeuelirent, &
mirent dans la biere ; la nuict il commença à foufpirer, dont les affiftans qui
le croyoient mort, furent grandement
efpouuentez : il parla, & dit qu'on le
defift; qu'il luy fembloit auoir efté mort:
Mais que S. Nigaife luy ayant reftraint
la tefte auec fes mains, l'auoit fait reui-
ure, & qu'il n'auoit fenty aucun mal. Et
m'a S. Nigaife (dit-il) monftré fon Eglife, & le lieu ou il repofe auec fes deux
Compagnons ; laquelle ie n'ay iamais
veuë. Incontinent ce ieune garçon for-
tit de la biere tout fain, & le iour venu,
fans conduitte, vint droit deuant le lieu
ou repofent les corps Saincts, & fe pro-
fternant à terre rendit graces à Dieu, &
à faint Nigaife, racontant a vn chacun
ce beau miracle.

Vne femme guarie d'vne furdité.

PErnelle femme de Gaultier Iuon demeurant à Mont-morency, grandement affligée d'vn catharre (qui luy
donnoit de fi grandes douleurs en la tefte, qu'elle en auoit prefque perdu l'oïi-
ye) vint auec aucuns dudit lieu en pele-

rinage à saint Nigaise, sur ce qu'on disoit en leur vilage, qu'il s'y faisoit souuent des Miracles : Estant arriuée, elle
fist celebrer la saincte Messe , & apres
toucha deuotement les sainctes Reliques auec reuerence, & incontinent sentit en soy vn grand alégement , & fut
guerie de sa surdité, oyant aussi clair, &
mieux qu'elle ne faisoit au parauant son
mal.

Vne autre femme guarie de Fiévre
le mesme iour.

LE mesme iour, vne femme de Mézy
pommée Agnés , affligée d'vne Fiévre quarte depuis quinze moys, estant
venuë à Meulent pour quelques affaires, ayant ouy raconter le precedent miracle, s'en vint incontinent à l'Eglise S.
Nigaise, & se mettant à genoux, priant deuotement saint Nigaise d'auoir
pitié d'elle, demáda à baiser les Reliques,
ce qu'ayant fait, deslors elle n'eust plus
la Fiévre, ainsi qu'elle est venuë dire depuis , & remercier Dieu & saint Nigaise.

Guerison d'vn enfant en langueur.

L'Année ensuyuant, le iour de l'A-
scension, reuint à saint Nigaise ladite Pernelle, auec vne grande trouppe
de gens de Mont-morency, & en leur
compagnie estoit vne femme nommée
Bertheline, laquelle se confiant en la
misericorde de Dieu, & aux merites de
saint Nigaise, aporta vn ieune enfant en
langueur, & le voüa aux saints Martyrs,
priant pour sa guarison ; apres son retour, l'enfant retourna en conualéscen-
ce, & dans trois iours fut sur les pieds,
& huict iours apres reuint ladite femme
auec son mary, rendre graces à Dieu, &
à saint Nigaise.

Vn enfant preserué d'estre noyé.

VN pescheur du vilage de Vaux,
nommé Nigaise Langlois, auoit
singuliere deuotion à saint Nigaise dont
il portoit le nom, & y venoit souuent
les Dimanches entendre la Ste. Messe:
Aduint, comme luy, & vn sien fils pes-
choiēt en la riuiere, l'enfant tomba de la
nacelle dans l'eau, sans que le pere le
peust secourir, parce qu'il ne reuint sur

l'eau ; incontinent le pauure homme se
mettant à genoux dans sa nacelle, pria
deuotement S. Nigaise de secourir son
enfant en ce peril. A l'instant il vist son
fils sur le bord de l'isle S. Nigaise, distant
bien de deux cens pas du lieu auquel il
estoit tombé, & allant à luy, le trouua
tout sain, luy disant qu'il n'auoit eu aucun mal ; & qu'vn vieil homme tout re-
luisant, luy auoit pris la teste, & con-
duit a bord, à mesme heure alérent à S.
Nigaise le remercier du bon secours
qu'il leur auoit donné, & dirent ce que
dessus.

Vn Vigneron guary d'vn mal de iambe.

MAurice Doucin natif d'Andresy,
demeurant depuis quelques années, au vilage de Vaux, au hameau S.
Pere, trauaillant à ses iournées de son
estat de Vigneron, luy vint vn mal de
iambes si grand qu'elles percérent, &
demeura ainsi par l'espace de deux ans
allant à potences, mandiant son pain, &
souuent s'aloit nettoyer au ruisseau de
la fontaine S. Nigaise, vne femme luy
dit, qu'il deuoit se recommander de bon

cœur à S. Nigaise, qui faisoit tant de
Miracles, ce qu'il fist, vint à Meulent
prier qu'on fist toucher du linge blanc
aux Réliques, ce qu'ayant esté fait, apres
s'estre recommandé à S. Nigaise, s'en
retourna appliquer ce linge sur son mal,
deslors il desecha, & en peu de iours fut
guary, gagnant sa vie comme aupararauant.

Vn homme guary de la Fiévre.

GEntien Chapet de Iusiers est venu
à S. Nigaise, remercier Dieu, &
le benoist Martyr, & a dit, qu'estant au
lict malade d'vne grosse fiévre continuë,
au fort de son mal, il s'estoit recommandé à Dieu & a saint Nigaise; & fait
vœu que s'il guarissoit, il viendroit en ce
lieu par trois iours, faire dire trois Messes, & incontinent son vœu fait, sentit
tel alégement, qu'au bout de deux iours
il s'est trouué en bon estat de cheminer,
pourquoy il est venu pour le premier
iour faire dire l'vne d'icelles trois Messes, & y reuiendra demain Dieu aydant,
est reuenu, & a accomply son vœu loüé
soit Dieu.

Vn homme tombant preserué de mal.

IOſſet le Roux de Hardricourt, eſtant ſur vn peuplier pour l'émonder, oyant ſonner les Veſpres à S. Nigaiſe dit ſon Pater noſter, & apres en trauaillant le pied vint à luy gliſſer, & tombant s'eſcria Monſieur S. Nigaiſe aidez moy, & ſe trouua a terre ſans auoir receu aucun mal, à l'iſtant eſt venu à S. Nigaiſe remercier le benoiſt Martyr : & dit que comme il eſtoit en l'air pour choir, il ſentiſt, comme ſi quelqu'vn l'euſt ſouſtenu, afin qu'il tombaſt doucement.

Vne femme ſourde, & voyant peu, guerie.

LA femme de Pernot le Riche de la paroiſſe des Mureaux, eſtant enceinte ſe bleſſa, cauſe pourquoy elle accoucha auant le terme, qui luy cauſa vne grande maladie, qui la rendit fort ſourde, & preſque aueugle, & demeura vn an en cét eſtat, iuſques a ce qu'ayant ouy faire recit des beaux miracles qui ſe faiſoient ſouuent à la deſcente de la Chaſſe ſaint Nigaiſe : vint la veille de l'Aſcenſion conduite par ſa fille, & auec grande eſperance, & prieres alla baiſer

DES RELIQVES

la Chaſſe, & à l'heure-meſme elle commença à voir , & oüir , & les Veſpres dites, ſe trouua toute guerie, & le lendemain vint à la Proceſſion, remerciant Dieu , racontant à chacun ce Miracle à elle aduenu , & que i'ay icy eſcrit. Et y a au deſſous, de Belleſalte. (Il eſt certain que c'eſt le nom du Prieur qui viuoit l'an 1516.

Vne fille guarie de Fiévre.

LVcien Truffaut d'Auernes , auec ſa femme & Iacquette ſa fille, aagée de douze ans, ſont venus à ſaint Nigaiſe faire dire Meſſe à noſtre Chapelain Maiſtre Pierre, pour remercier Dieu, & ſaint Nigaiſe de ce que ladite fille eſtant malade de Fiévre, par l'eſpace de neuf mois entiers, y ayant fait tous les remedes qu'on leur auoit enſeignez ; & deſquels n'ayant peu guarir, l'ont voüée à S. Nigaiſe, promettant l'amener en ce lieu offrir vn cierge ſur l'Autel, & deſlors de leur vœu, ladite fille à recouuert ſa ſanté , & n'a plus eu les fiévres, & ſont venus accomplir leur vœu.

Signé, F. G. de Belleſalte.

Dans

Dans vn autre liure antien manuscrit sont escrits les Miracles suiuans.

Guerison d'vne longue Maladie.

LE iour de l'Ascension, mil cinq cens vingt cinq, ont esté faits trois Miracles en l'Eglise de ceans. Robine veteüil, de la paroisse saint Iacques, qui auoit esté longuement malade, se fist apporter en l'Eglise pour baiser les Chasses des Sts. Martyrs ce qu'ayant fait auec grande Foy, & deuotion, se trouua tellement alegée, qu'apres le seruice, elle s'en retourna sur ses pieds à la maison, & dans trois iours fut parfaitement guarie.

L'oüye renduë à vne femme.

LE second, Martine femme de Colin Robineau Vigneron, demeurant à Cormeilles, empeschée d'vne grande surdité, ayant fait dire vne Euangile, & offert des bougies alumées aux Chasses, se recommanda de si bon cœur à

Q

saint Nigaise, qu'elle obtint l'effet de sa
priere, s'en retourna ayant recouuert
entierement l'oüye.

Vne main preste à couper, guerie.

LE troisiesme, Philebert Tourneur,
homme de bras, lequel en trauaillant, vne espine se ficha en sa main, qui
luy rendit auec le bras tellement en-
flez & noircis, qu'on estoit en terme de
luy couper; il vint à l'Eglise demandant
l'aumosne, & voyant passer la Chasse S.
Nigaise, y toucha de sa main malade,
priant Dieu & le bien heureux Martyr,
auoir pitié de luy, incontinent son mal
diminua, & dans deux iours fut guary,
dont il vint remercier Dieu & dire ce
que dessus.

Vn Enfant guary de la fiévre.

LA veille de l'Ascension mil cinq cens
vingt-neuf, moy Prieur de saint Nigaise, faisant l'Office à Vespres, pendant qu'on descédoit les Chasses, Loüise,
femme de Simon Poiteuin, Boucher de
la ville, se confiant en la misericorde de
Dieu, & aux merites de saint Nigaise,
apporta son fils aagé de deux ans, mala-

de de fiévre depuis huict mois, & comme la Chasse passoit, elle passa par dessous auec son enfant, requerant saint
Nigaise pour sondit fils, & deslors son
enfant fut guary, & n'a plus eu de fiévre.

Quatre personnes deliurez de fiévre.

ITem, le iour saint Nigaise au mesme
an, est venu en nostre Eglise Ieanne
Verger, auec Pierre Rousselin son mary,
Boulangers de Mont-fort, & trois de
leurs enfans, remercier Dieu & Monsieur saint Nigaise, disans; Qu'ayans
ouy racompter le miracle susdit, elle &
ses trois enfans estans affligez de fiévre,
elle les auoit voüez, comme aussi elle
mesmes, à saint Nigaise, & qu'ils vien-
droient à sa Feste à Meulent s'ils estoient
guaris, sa priere estant faite, ils se sont
trouuez tous en bonne santé dans deux
iours, & sont venus accomplir leurs
vœux.

Vn Prestre guary d'vne main.

MOy, Iean Belot Prestre, habitué à
saint Iacques au fort de Meulent,
atreste pour verité, que m'estant blessé,
d'vn ganif à la main dextre, elle s'enfla

& noircit ; & difoient les Chirurgiens,
que la Gangrene y eftoit, & la conue-
noit couper, & eftant en l'Eglife faint
Nigaife, aidant à l'Office ; arriua vne
deuote perfonne defirant voir le Chef
de fainĉte Pience, Monfieur le Prieur luy
monftra : ouurant ce Reliquaire , i'y
portay ma main malade, priant Dieu en
mon cœur, par le merite de fes Sainĉts,
foulager ma douleur. A l'inftant elle
ceffa, & en deux iours fus guary de cette
main , de laquelle i'ay efcrit cecy en ce
prefent liure , le dernier d'Aouft , mil
cinq cens trente.   Belot.

D'vne longue fiévre guarie.

Oy fufdit , certifie , que le iour
Monfieur S. Nigaife audit an, vne
femme de Gaillon nommée Perrete Ala-
gille, vint me trouuer à l'Eglife, & dire,
Que s'eftant voüée à S. Nigaife, elle auoit
efté fubitement guarie de la fiévre qu'elle auoit depuis fix mois, & fift dire la
Meffe, pour remercier Dieu , & faint
Nigaife.   Signé , Belot.

Plusieurs Miracles non exprimez.

IL y auoit en ce liure autres suitte de Miracles escrits : mais les fueillets en font pourris, & deschirez par la moitié en long, de sorte qu'on n'en peut lire la substance entiere, & craignant d'y faillir, nous les passerons, reserué ces deux qu'on peut bien entendre.

La veuë renduë à vne femme.

L'Vn de ces deux Miracles est de Marion, de Tessancourt, à laquelle vne defluction auoit fait perdre la veuë, elle se fist conduire le iour de l'Ascension à Meulent, fist sa priere en l'Eglise saint Nigaise, & en baisant les Chasses, elle recouura la veuë.

Vn garçon perclus, guary.

L'Autre, est d'vn ieune garçon de Mezy, qui par maladie deuint tout perclus, sa mere apporta vne chemise, que l'on fist toucher aux Chefs S. Nigaise, sainct, Quirin, & saincte Pience dans l'armoire, & apres sa priere faite, s'en retourna chez elle, vestir cette chemise à son enfant, & tout incontinent il cómença à s'aider des membres, & dans trois iours il fuſt ſur pieds : & vint auec ſa mere, remercier Dieu & les benoiſts SainCts.

Autre Recueil.

EN vn papier parmy des memoires, eſcrits de la main de Maiſtre Robert Crouſlé, Chapelain de ſaint Nigaiſe, pour Monſieur Maiſtre Anthoine le Cirier, Conſeiller au Parlement de Paris, Prieur dudit Prieuré, qui ſont ſans datte, (& neantmoins, nous ſçauons bien que ledit Crouſlé y entra en l'an 1535. & demeura bien vingt ans) nous auons trouué les ſix miracles ſuiuans, que nous auons tranſcrits en meſmes mots qu'ils ſont couchez.

Vne femme d'Argenteüil, guarie de fiévre.

LE iour Monſieur S. Pierre és liens, i'ay celebré pour vne femme d'Argenteüil, qui diſoit eſtre venuë remercier Monſieur ſaint Nigaiſe, de ce que par ſes prieres, s'eſtant recommandée à luy, elle a eſté guarie des Fiévres, & à donné vn cierge d'vn quarteron, pour bruſler deuant la Chaſſe.

Deux tireurs de pierre preſeruez de mort.

LE iour Madame ſaincte Cecille Mai-ſtre Iean Vicaire de Vaux, m'eſt ve-nu demander permiſſion de celebrer la Meſſe pour vn homme & vn garçon qui eſtoient auec luy, Leſquels diſoient ve-nir remercier Dieu, & Monſieur ſaint Nigaiſe, de ce qu'en tirant des pierres, vn grand monceau s'eſtoit esboulé ſur eux, & ayans inuoqué Monſieur ſaint Nigaiſe, la terre, & les pierres qui les ont couuerts, ne leur ont fait aucun mal.

Autre Miracle ſemblable d'vn Carreyeur.

LE ſemblable eſt aduenu à Raulin le Carreyeur, qui trauailloit aux ca-rieres de Meulent l'année paſſée, ainſi qu'il m'a dit, dont il fut preſerué par ſaint Nigaiſe, qu'il appela à ſon ayde, & luy ſembloit que quelqu'vn tenoit les pierres qui s'esbouloient, pendant qu'il retiroit ſes iambes, dont il ne fuſt nullement eſcorché.

Guarison d'vn Paralitique.

LE iour de l'Ascension derniere, il y euft vne grande assemblée à la Procession, ou il y auoit vne honorable Dame de Dreux, qui me pria celebrer vne Neufuaine pour elle, afin qu'il pleuft à Dieu par les merites de S. Nigaise, deliurer son mary d'vne Paralisie en laquelle il estoit detenu depuis six mois. Vn mois apres ladite Dame reuint auec son mary Monsieur le Huuel, & autres ses parens, remercier Dieu: Et me dirent, qu'au bout de neuf iours il auoit commencé à se guarir ; ils ont fait des aumosnes, & donné vn cierge mis deuant les Chasses.

Vne fille de la Dame de Vaux guarie
des fiévres.

MAdame de Vaux m'a enuoyé prier dire Messe pour sa fille qui auoit les fiévres, & que ie fisses toucher vn mouchoir aux Reliques, ce que i'ay fait ; & le Dimanche d'apres, vint ladite Dame faire dire vne autre Messe par Monsieur son Curé, qu'elle amena, pour remercier Dieu & Monsieur saint Nigaise, disant,

sant, qu'elle croit que par ses prieres,
sa fille a esté guarie.

Vne femme sauuée du feu.

VNe pauure femme demeurant aux
Carieres pres sainte Auoye dans
Meulent, venoit deuotement tous les
Dimanches à la Messe & eau beniste à
saint Nigaise, auquel elle auoit grande
deuotion, puis retournoit à sa grande
Messe paroissialle : Aduint que le feu se
mit en la paille où elle estoit couchée,
qui cōmença à flamber, & mettre toute
la pauure loge en feu, elle se resueillant
de la chaleur, s'escria ; Monsieur saint
Nigaise aidez moy, alors le feu s'estei-
gnit de luy-mesme, & le bois du lict n'y
autre chose ne fut endommagé, & ay
esté auec plusieurs personnes en cette
loge, & trouué veritable ce qu'elle m'a
dit. Dieu soit loüé, qui exauce les fer-
uentes prieres des fideles.

R

*De pluſieurs autres Miracles dont les memoires
ne ſe retrouuent.*

CHAP. LXXII.

DEPVIS les temps cy deſſus remarquez, s'eſt fait & continué grand nombre de Miracles: mais nous n'en auons point les memoires. Ce n'eſt pas qu'ils ayét eſté obmis à eſcrire, mais nous n'en auons peu recouurer les eſcrits, qui poſſible ont eſté eſgarés & deſchirez inſciemment, par perſonnes ne ſçachans lire. Plus, nous ſçauons, que durāt le ſiege de Meulent, beaucoup ont eſté bruſlez & diſſipez par les Soldats qui auoient pluſieurs corps de garde dans noſtre Egliſe, en laquelle nous auons trouué nombre de fragmens, qui font preuue de ce degaſt. Si quelques perſonnes en ont plus amples inſtructions, ils feront œuure meritoire de le nous faire ſçauoir: Le ſecret du Roy doit estre teu ; Mais les merueilles de Dieu veulent estre publiées. Pourquoy nous adjoustons par maniere de tesmoignage, ce que nous auons sçeu depuis nostre promotion au Prieuré, par la bouche de feu Maistre Marguerin Beloy Prestre, nostre Chapelain, sçauoir est : Que depuis quinze ans qu'il deseruoit audit Prieuré auparauant nostre arriuée, il y auoit veu aduenir plusieurs Miracles en la descente des Chasses, la Vigille de l'Ascension, speciallement enuers les malades de fiévre qui passoient les premiers par dessous la Chasse S. Nigaise. (Cette primauté ne peut estre trouuée estrange, puis que la Piscine de Ierusalem ne guerissoit que le premier entrant, aprés l'eau troublée par l'Ange.) Outre qu'il nous disoit, beaucoup d'autres personnes auoir esté guaries de surditez, en l'inuocation des saints Martyrs, & auoir bien souuent fait toucher aux sainctes Reliques, des linges pour appliquer aux malades, dont on luy auoit raconté, que plusieurs auoient receu des soulagemens, &

R 2

guerifons entieres : dont beaucoup de
perfonnes eftoient venuës à faint Nigaife
faire dire Meffe, & remercier Dieu. Et
de ces perfonnes, y en auoit veu d'Orleans, Bloys, Boifgency, Eftampes,
Chartres, Dreux, & autres vers ces quartiers là. Comme auffi grand nombre de
deuers Senlis, Meaux, Conpiegne, Cref-
py, Danpmartin, faint Denis, Mont-
morency, & des vilages de la France:
lefquels ont en ces lieux là par tradition,
vne particuliere deuotion à faint Nigaife, & y viennent en pelerinage à groffes
troupes le iour de l'Afcenfion ; auquel
iour ils ont fouuent efté exaucez en leurs
Oraifons, par le merite de leur Foy, &
les prieres des faints Martyrs. Il en auoit
(difoit-il) fait vn petit recueil, qu'vn
fien efcolier par mefgarde auoit bruflé.

D'autres Miracles receus.

CHAP. LXXIII.

Ovs, qui efcriuons les merueilles de Dieu en fes Saints, re-
citerons en cét endroit les mi-

racles dont nous sommes tesmoin oc-
culaire. Estant à Paris, en Ianuier 1624.
l'vn de nos domestiques, ieune garçon,
grandement trauaillé d'vne fiévre tier-
ce, que les Medecines, & Seignées ne
pouuoient chasser de son corps; Ie le
voüay aux prieres de saint Nigaise, &
incontinent la fiévre le laissa, & n'a depuis esté malade.   Faisant l'Office de
l'Ascension au mesme an 1624. vne honorable Dame de Meulent (qui n'a voulu que sa deuotion soit sçeuë) nous pria
de faire passer son enfant malade de la
fiévre, le premier à la descente de la
Chasse saint Nigaise, ce qu'ayant fait,
Dieu luy donna l'effet de sa Foy & de
son esperance.   Le mesme aduint l'an
1625. à vne ieune fille, qui nous dit peu
apres, qu'ayant espié au coing de la porte, elle passa subitement, & depuis n'a-
uoir eu la fiévre. En quelque autre temps
on dira leurs noms.   L'an 1626. le iour
de l'Ascension, deux femmes d'Andresy
nous dirent, qu'ayans assisté à la procession, & fait dire des Euangiles, baisé
les Reliques, & fait leurs deuotions,

R 3

elles s'en retournérent grandement sou-
lagées de l'ouye, qu'elles auoiét il y auoit
long temps empeschées.

---

*De la deuotion particuliere des habitans de
Meulent, & villages du Bailliage, enuers
saint Nigaise, & autres saints Martyrs. Et
comment leurs sainctes Reliques leur sont en
veneration.*

CHAP. LXXIIII.

LES Officiers du Roy, tant
de Guerre que de Iustice, les
honorables Bourgeois, Marchands, Artisans & genera-
lement tous les habitans de Meulent,
Ecclesiastiques & Seculiers. Comme
aussi les Curez, la Noblesse, & les habitans de la campagne, au nombre de
trentesix paroisses qui sont de la Iurisdiction & dependance du Bailliage &
Comté de Meulent, ont tous en general
& en particulier, vne tres-grande deuotion enuers saint Nigaise, & ses Com-

pagnons, comme à leurs Apoſtres , &
par leſquels leurs Anceſtres ont receu
la premiere lumiere Euangelique , &
le ſaint caractere de Chreſtiens. Leur
memoire leur eſt en ſaincte veneration,
& ſur leurs prieres appuyent l'eſpoir de
leur protection , tenans leurs ſainctes
Reliques ; comme vn riche joyau , &
ſpecieux gage de la miſericorde de
Dieu , quand ſa iuſte main veut venger
les outrages de nos pechez : La Proceſſion Generalle qui ſe fait annuellement
le iour de l'Aſcenſion de noſtre Seigneur, eſt vn teſmoignage tres-euident
de leur zele, ou y a emulation à qui y aſ-
ſiſtera ; s'eſtimant malheureux qui en eſt
empeſché ; & au contraire heureux , &
plain d'eſpoir de proſperité qui y peut
eſtre, & baiſer toutes les Chaſſes, ou
repoſent les corps de ces quatre Martyrs S. Nigaiſe, ſaint Quirin, ſaint Scuuiculle & ſainte Pience.

R 4

De la solemnité qui se fait annuellement à Meulent, pour la veneration des saintes Reliques.

CHAP. LXXIIII.

DANS cette nostre Eglise saint Nigaise scituée au fort de Meulent qui est du Diocese de Chartres (laquelle est vn tres-beau & solide bastiment de pierre de taille, & assez grande & spatieuse, disposée en croisée auec ses chapelles aux costez.) Il y a proche du Cœur Sur la premiere voulte deux Chapelles voultées, ausquelles on môte par degrez enuiron six toises de haut dans l'vne d'icelles, sur vn beau Tabernacle de Menüiserie, sont posées les quatre Chasses auec plusieurs autres Reliques. Et cette Chapelle & la montéesont fermées de grosses portes à deux clefs, dont Monsieur le Lieutenant General(soit comme Officier du Roy, soit

comme Maire , & Chef des habitans)
garde l'vne , & nous l'autre : Cela d'vne
si longue & antienne tradition, que n'en
pouuons cotter l'ordonnance ; Mais que
nous dirons vne tres-bonne obseruan-
ce ; afin qu'il n'arriue distraction de si
pretieux tresor. Pour les Chefs saint
Nigaise, S.Quirin, & saincte Pience , ils
reposent ordinairement dans vne au-
moire de pierre de taille bien grillée
proche le grand Autel. Or la Vigille de
l'Ascension, l'Eglise bien tenduë & or-
née de tapisserie , les Vespres se chan-
tent solemnellement ; ausquelles assiste
ledit Sieur Lieutenant General , ou y
enuoye Officiers apporter sa clef, &
ensemble auec la nostre s'ouure le lieu,
& pendant que l'on chante l'Antienne
du Magnificat, des Prestres auec Surplis
& Estolles , montent en cette haute
Chapelle , & descendent les Chasses,
que l'on met sur les Autels. A laquelle
descente assiste vn grand nombre de
peuple, & y a grand presse à qui passera
premier sous la Chasse S. Nigaise , &
celle-la se pose deuant le grand Autel,

sur vn buffet de menüiserie fait exprés,
afin que facilement l'ayant baisée, on
passe par dessous, ainsi qu'il est en vsage.
Ces Chasses sont veillées & gardeés la
nuict par des Prestres & Officiers de Iustice fort reueramment.

De la Procession Generalle.

CHAP. LXXV.

LE l'endemain, iour de l'Ascension on dict les Matines, puis
sur les neuf heures arriuent
processionellemét les Paroisses
circonuoisines, au nombre de quinze
ou vingt, quelque fois iusques à trente,
selon la disposition du temps, pour estre
aucunes esloignées de trois lieués; & a
l'instant s'y rendent les trois paroisses de
la ville, puis se commence la Procession
Generalle, ou les Sonnettes, Banieres,
Cierges benits, & Croix de toutes ces
Paroisses, sont portées deuant, puis
quelques Reliquaires d'icelles Paroiss-

ſes, apres les quatre Chaſſes (celle de
ſaint Nigaiſe la derniere) portées par
Preſtres reueſtus d'Aubes, & Tuniques,
& a coſté Huiſſiers & Sergeans pour la
garde d'icelles. Puis ſuiuent les Preſtres,
Curez, & noſtre Clergé par ordre ; &
nous Prieur faiſant l'Office, auec nos
Diacre & ſouz Diacre, l'vn portant le
Chef ſaint Quirin, l'autre celuy de ſaint
Nigaiſe : & nous vne Croix, où il y a
enchaſſé de la vraye Croix de noſtre
Seigneur, & pluſieurs autres ſainctes
Reliques. Apres commence l'ordre des
Seculiers, les Officiers d'Armes, Huiſſiers, Sergeans de Iuſtice, marchent au
deuant de Monſieur le Gouuerneur, &
Monſieur le Lieutenant General qui
vont les premiers ; & apres eux le Lieutenant dudit Sieur Gouuerneur, ſon En-
ſeigne, auec les Procureur, & Aduocat
du Roy : Les Officiers de l'Eſlection,
ceux des Eaües & Foreſtz : les Aduocats,
Procureurs, & Officiers de Iuſtice, auec
les honorables Bourgeois, Marchands,
& le reſte du peuple de toutes ces Pa-
roiſſes : De ſorte qu'il s'y retrouue bien

douze à quinze mil perſonnes. Et ayant
fait le tour des grandes ruës du Fort, &
de la Ville, l'on reuient en cét eſtat
dans l'Egliſe ſaint Nigaiſe, ou au portail,
ſur certaines pierres miſes exprés, on
poſe la Chaſſe S. Nigaiſe, & tous les Ec-
cleſiaſtiques & Seculiers la baiſent, &
paſſent par deſſous r'entrans dans l'E-
gliſe ou ce celebre la grande Meſſe fort
ſolemnellemēt. Aprés toutes les paroiſ-
ſes, s'en retournent proceſſionellement.
A Veſpres, pendant vn Reſpons propre, qui ſe chante apres le Magnificat;
ces Chaſſes ſont remontées en meſme
ordre, & remiſes en leur lieu, que l'on
referme des meſmes clefs communes:
& ne s'y touche plus iuſques à l'an ſuiuant; Si ce n'eſt pour contenter la deuotion de quelque Prelat ou Prince, que
l'on en fait ouuerture : Mais c'eſt auec
bonne & ſeure garde deputée par ledit
Sieur Lieutenant General.

*Recueil abregé des Prieurs de saint
Nigaise de Meulent*

CHAP. LXXVI.

AVANT que finir ces memoires, nous y adjousterons ce petit recueil du nom des Prieurs de cette maison, qui nous ont precedé, & leurs temps, selon ce qu'en auós peu coliger de ce que nous possedons a present de titres : Afin qu'il serue de memoire à ceux qui nous y succederont.

ROBERT de Beaufour, Premier
Prieur, en l'an   1067
Guillaume de Beaumont   1083
Hugues de Gournay   1110
*Manque icy quelques vns, dont n'auons
peu aprendre les noms.*
Robert, *En la Bulle d'Alexandre III.* 1163
Iean du Chastel   1194
Guillaume le Moine   1198
Arnoult de Bonneuille   1208
Rodolphe de Brie   1218
Manque encores icy quelques vns.

TOVS ces noms ſe trouuent dans nos tiltres, ayant mis icy les premieres années dont il eſt parlé d'eux, & non les dernieres; pour ce que le commencement des ſucceſſeurs, dõne conſequence de la fin des precedẽts, & ou il y a longue interualle de temps; c'eſt que ces titres diſent le Prieur, ſans le nommer; & eſt de neceſſité y en auoir eu beaucoup d'autres, leur Memoire ſoit en paix, & de nous quand nous les aurons ſuiuis.

CONCLVSION.

NOVS finirons ce petit ouurage par vne tres-humble priere que nous faiſons aux Lecteurs d'iceluy, que ſi aucuns ont Titres, Papiers, Liures ou autres enſeignemens qui puiſſent contrarier à ce que nous auons dit, & remarqué en ce Recueil; nous obliger tant, que de nous en faire auoir la lecture pour en

faire la correction selon la verité que
nous auons cherchée à nostre pouuoir,
dans les titres & papiers qu'auons iufques a prefent peu recouurer ; quelque
foin & defpence qu'ayons peu faire. La
Naiffance que Dieu nous a donnée en
cette mefme ville de Meulent, nous y
a particulierement obligez ; & a faire
tout noftre poffible à baftir, reftablir, &
decorer cette maifon : afin qu'en la memoire & veneration de nos Saints tu-
telaires ; Dieu foit loüé, adoré, craint,
& feruy par tous les fiecles des fiecles.
Ainfi foit-il.

F I N.

Fautes furuenuës en l'Impreffion.

Fueillet 6. page 2. ligne 2. au lieu de
ne butoit porter, lifés butoit à porter.
f. 7. l. 6. apres ces mots trop humaine-
ment. lifés ne vouluret negliger. f. 37. l. 4.
deportemens lifés departemens. f. 59. p.
2. l. 5. & qu'en l'an, lifés c'eft qu'en l'an.
f. 65. l. 10. au lieu de r'ailé, lifés r'alié. f. 67
l. 9. lifés fa femme au lieu de fes femmes.

9 782019 972097